イギリス王立園芸協会版

世界で楽しまれている50の
園芸植物図鑑

50 PLANTS
THAT YOU CAN'T KILL
SUREFIRE PLANTS TO GROW
INDOORS AND OUT

◆編者略歴◆

ジェイミー・バターワース（Jamie Butterworth）

イギリス王立園芸協会（RHS）のアンバサダーをつとめ、9歳のときにウェークフィールドにある祖父母宅の裏庭を自分の菜園にして以来、ガーデニングに情熱をいだきつづけている。2011年にBBC 3のヤング・ガーデナー・オヴ・ザ・イヤーのファイナリストになり、その後、RHSウィズレー植物園で2年間勉強した。2015年に優秀な成績で卒業したのち、一流種苗会社ホルトゥス・ロキのショー・プラント・マネージャーになり、RHSチェルシー・フラワーショーをはじめとするRHSの主要なショーすべてについて展示する植物の栽培を担当した。RHSのアンバサダーとしてイギリス各地の学校を訪れ、園芸の仕事がいかに楽しく刺激的でやりがいがあるか、園芸が実際にどのように世の中の役に立つか、若者たちに伝えている。また、BBCラジオ・ロンドンのガーデニングの専門家として土曜の朝にスタジオでロバート・エルムズのライブショーに出演するほか、トーク・ラジオおよびBBCバークシャーでガーデニング関係のレギュラー・ゲストもつとめている。

◆訳者略歴◆

上原ゆうこ（うえはら・ゆうこ）

神戸大学農学部卒業。農業関係の研究員をへて翻訳家。広島県在住。おもな訳書に、バーンスタイン『癒しのガーデニング』、シャリーン『図説 世界史を変えた50の鉱物』、ハリソン『ヴィジュアル版 植物ラテン語事典』、ホブハウス『世界の庭園歴史図鑑』、ホッジ『ボタニカルイラストで見る園芸植物学百科』、キングズバリ『150の樹木百科図鑑』、トマス『なぜわれわれは外来生物を受け入れる必要があるのか』、ハバード『図説 毒と毒殺の歴史』などがある。

王立園芸協会（RHS）は、ガーデニングの振興を目的とするイギリス屈指の公益団体で、園芸の進歩とよりよいガーデニングの普及に力をそそいでいる。専門的な助言や情報の提供、次世代のガーデナーの育成、子どもたちが植物を育てる体験をするきっかけづくり、そして植物、病害虫、ガーデナーに影響を及ぼす環境問題の研究といった活動もしている。

さらに詳しいことを知りたい場合は、www.rhs.org.ukにアクセスするか、0845-130-4646に電話していただきたい。

50 PLANTS THAT YOU CAN'T KILL
by Jamie Butterworth
Copyright © 2019 Quatro Publishing plc
Japanese translation rights arranged with Quatro Publishing plc, London
threough Tuttle-Mori Agency, Inc., Tokyo

イギリス王立園芸協会版
世界で楽しまれている50の
園芸植物図鑑

●

2021年3月5日　第1刷

編者………ジェイミー・バターワース
訳者………上原ゆうこ
装幀………川島進デザイン室
本文組版・印刷………株式会社ディグ
カバー印刷………株式会社明光社
発行者………成瀬雅人

発行所………株式会社原書房
〒160-0022　東京都新宿区新宿1-25-13
電話・代表 03(3354)0685
http://www.harashobo.co.jp
振替・00150-6-151594
ISBN978-4-562-05888-4

FSC
www.fsc.org
ミックス
責任ある木質資源を
使用した紙
FSC® C016973

写真にかんする注意…各植物の最初の見開きページにある写真は主要な植物の写真で、「これも試してみよう」で紹介する品種や種の写真ではない。

ジェイミー・バターワース
Jamie Butterworth

上原ゆうこ 訳
Yuko Uehara

イギリス王立園芸協会版

世界で楽しまれている50の 園芸植物図鑑

50 PLANTS
THAT YOU CAN'T KILL
SUREFIRE PLANTS TO GROW
INDOORS AND OUT

原書房

目次

はじめに

大切なことを先に述べておくと、ほんとうに不死身の植物はないが、少々のことでは枯れずに回復する植物はたくさんある。本書では、植物界のたくましい側面を紹介し、あきらめることを知らないさまざまな植物をお見せしよう。

本書で紹介する50の植物は、わたしが個人的にこれなら絶対だいじょうぶだと思う植物であり、あなたも自分で思っていたほど悪いガーデナーではないことを証明してくれるだろう。これらの素晴らしい植物たちはガーデニングというプールの端の浅い部分にいるもので、初心者が手はじめに育てるのにぴったりである。どんな庭でも、成功への鍵は場所に合った正しい植物を選ぶことだ。多年草から低木、室内の鉢植えから野菜まで、だれにでも、そしてどの庭にも、それぞれふさわしいものがある。

植物を過小評価してはいけない。植物と庭は人が長生きするのを手伝うことができる。並木のある通りに住んでいる人たちは、そうでない人たちより長生きすることが科学的に証明されている。緑に囲まれて暮らしている人たちは長生きする。汚れるのもかまわずかがんで植物と土をいじっている人は、そうでない人より健康で幸せで、もうおわかりだろうが、長生きする。

庭は、日々の厄介事から逃れる避難場所、すべてを忘れて自然とふたたびつながるための場所になる。植物と庭に親しむ行為には、健康によいすぐれた点がある。心を解き放ち、何もかも忘れられるようにして、人生を豊かにしてくれるのだ。すべての人にとってもっとするといいことだ。

こんなによいことなのに、ガーデニングは年を取ってからするものだと思われがちだ。でも、ご安心を。移植ごてをもつのに、バスの定期券もラテン語の学位もいらない。ガーデニングは、何才だろうが、どこの出身だろうが、何の仕事をしていようが、稼ぎがいくらだろうが、そんなことに関係なくだれにでもできる。ガーデニングは楽しくて、わくわくして、ごほうびまでもらえる。芝生を刈ったりちょっと草取りをするのとは大違いだ。

初めて種子をまき、それが発芽し成長して花を咲かせるのを一度でも見たら、きっと夢中になるはずだ。無から何かを生み出すことは、ほんとうに人生のもっとも単純で簡単で純粋な楽しみである。おまけにお金もほとんどかからず、それはいつだってありがたいことだ。

植物は何千年にもわたって、世界中のきわめてきびしい条件のところでも生育し繁栄できるように適応してきた。しかし、あらゆる植物は、どんなにじょうぶでも、若干の愛を必要とする。ひどく手がかかり多くを要求するようになるはずだという意味ではなく、少しの水と時間と愛情があれば植物をうまく生かしておくことができるといいたいのだ。本書に書かれている分かりやすく簡単な栽培のアドバイスに従えば、花いっぱいの庭（あるいは窓台）を手に入れることができるだろう。腕まくりをして、手を泥だらけにして、さあ頑張ろう！

情報収集と植物の購入

　植物のショッピングは楽しく、えられるものも多い。天気のよい春の日に近所の園芸店をぶらぶらして、これから先何か月も何年も庭を飾って喜びをもたらしてくれる植物を選ぶ楽しみにまさるものはない。

　植物を買うときは、評判のいい優秀な栽培者から購入することが重要だ。地域に密着した小規模な個人経営の園芸店が多数あり、それぞれが知識の泉であり、インスピレーションの大いなる源である。そういうところは代々続いた店の場合も多く、そのためアドバイスとアイディアをえるのにうってつけの場所だ。
　健康で生育のよい植物を選ぶのが成功の秘訣だ。根づまりを起こした（根が張って鉢からはみ出しはじめている）もの、そして鉢に植えたばかりで培養土がばらばらになってしまうようなものは避ける必要がある。植物を鉢から引き抜いたときに、根が見えるが混みあっていないものがよい。
　ストレスを受けていそうなもの、目に見える傷、害虫、病気のあるものは買わないようにすること。長期的にはよくなる可能性が高いが、健康な植物を買ったほうが有利なスタートを切ることができる。同じように、誘惑に負けてショッピングカートをすでに花が咲いている植物でいっぱいにしてはいけない。そういうのはきっともう2〜3週間しかもたず、その後、枯れ込みはじめる。最大限楽しむには、若くてみずみずしく鋭敏なときに買い、それを自分の庭で成長させ開花させることだ。
　特定の植物について質問がある場合や、自分の庭に何を植えたら一番いいかさらにアドバイスが欲しい場合は、詳しい栽培家のところへ行って相談しよう。ガーデナーは気持ちのいい人たちで、情報やコツや裏技を喜んで教えてくれるだろう。

鉢とコンテナ

　スペースがあまりなくても、素晴らしい庭にするのは100パーセント可能だ。事実、私自身、広い庭がないせいで、結果的にコンテナで植物を育てられるようになった。色彩をくわえる必要のある中庭、バルコニー、あるいはちょっとしたスペースはあるが、広い花壇で植物を栽培する贅沢が許されない人にとって、コンテナ栽培は申し分のない解決策である［園芸の世界では、植物を植える容器を総称してコンテナとよんでいる］。

　本書では、庭に活気をもたらす育てやすい植物だけでなく、コンテナや鉢でさかんに成長する植物も紹介している。コンテナが十分大きく、注意して世話をするかぎり、春咲きの球根植物から注目を集める低木まで、どんな植物でもコンテナ栽培が可能である。

　コンテナを選ぶとき、制限はまったくない。テラコッタの鉢から台所の流し台まで何でもいい。楽しみながら工夫して自分だけのものを作ろう。理想をいえば、生み出したいと思っている庭の雰囲気に合ったものにするとよい。コンテナの価格は大きさや材質によって大きく変わるので、予算がきびしい場合は、創造力を発揮して作りなおしたり再利用したりしてみよう。

　重要なのは、何を選ぶにしてもかならず排水のよいものにすることだ。選んだコンテナにすでに排水口があればいいが、そうでないときは注意して底にいくつか穴をあけて自分で排水口をつけよう。排水を助けるために底に陶器の破片を敷き、良質の汎用培養土を入れる。

　コンテナで植物を栽培するのも地植えで栽培する場合と基本的に違わないが、もっと頻繁に水と肥料をあたえる必要があるかもしれない。コンテナに植えた植物はたいてい地植えの場合より小さくなるが、とくに庭が比較的狭い場合、これは悪いことではない。陽気がいい日が続くとすぐに乾いてしまうので、とくに夏の間は鉢から目を離さないこと。培養土の表面にマルチをすると、ある程度の水分を保持するのに有効である。

　コンテナで植物を育てるのには、コンテナごともちあげて新たな場所へ移すことができるというメリットもある。置かれている場所にその植物が満足しているように見えないとき、これが役に立つ。賃貸住宅に住んでいる場合も、移動可能な庭は理想的だ。植物も一緒に引っ越すことができ、ひきつづき楽しみをもたらしてくれる。

水やりと施肥

　　水やりは基本中の基本に思えるかもしれないが、植物が枯れる一番の原因だ。あらゆる植物は水を必要とし、あまり多くいらないものでもいくらかは必要とする。暑く晴れた日が続くときに何週間も水やりをしなかったら、きっと庭は植物の火葬場になってしまうだろう。

　　水やりはじつは単純なことなのだが、必要以上にむずかしく考えがちだ。重要なのは水を確実に根に到達させることで、それは水分は根で吸収されてほかの部分に運ばれるからである。葉にかけるだけでは、あまり植物を助けることにならない。

　　水やりは植物と場所によって変える。どれだけの頻度でどれだけの量の水をやればよいか判定する公式はない。土が乾きはじめたら水をやるつもりでいるとよい。確認する一番よい方法は、指を土に差し入れてどれくらい湿っているか調べるやり方だ。湿り気を感じたらそのままにし、乾いていたらじょうろを取り出す。

　　できれば水やりは朝と夕方にするよう心がける。いつもできるとはかぎらないが、そうすれば、水が蒸発して無駄になったり、日中の暑さで水滴が煮えて葉焼けが起こったりするのを避けることができる。

　　人間と同じように、植物も生きるために水と栄養を必要としている。もちろん、たまにはチョコバーが欲しいといったりはしないが、成長し繁茂するのに不可欠な栄養素がいくつかある。これらの栄養素のいずれかが不足すると、植物は病気になり、枯れてしまうこともある。健康でじょうぶな植物は害虫や病気の攻撃に耐えられる可能性がずっと高く、枯れにくい。そして見た目もよくなる。植物に栄養をあたえるためのすぐにできる簡単な方法がふたつある。

　　液肥（海藻濃縮液）：海藻は植物に使うのにとてもよい天然の有機肥料である。植物が根づき成長するのに必要な必須成分をすでにすべてふくんでいる。週に1度、この液をじょうろにそそいで水に混入したのち、いつもどおり水やりをするだけでよい。特別な混合も計量も心配も一切しなくていい。春から夏にかけて定期的に液肥をやれば、植物はきっと元気でいるだろう。

　　粒状肥料：とくに秋から春にかけて粒状肥料を植物の根元にほどこすとよい。根本にばらまいたのち、軽くかいて土壌に混ぜこむ。いろいろな種類の粒状肥料が市販されており、個別の要件を満たす特殊なものについては地元の種苗店や園芸用品店で相談して助言を求めるのが一番よい。一般的な肥料なら、三大栄養素である窒素：リン酸：カリが7：7：7の比で配合された肥料をさがす。これらの栄養素はいずれも植物を健康に保ち開花させるのに不可欠である。

場所について知る

植物をうまく育てる秘訣は、正しい場所に正しい植物を植えることだ。どの植物を育てることができて、どの植物を育てることができないか判断するには、自分の庭がどんなところか見きわめる必要がある。同じ庭はひとつもなく、それぞれ微気象が異なり、ある植物にとっては理想的だが別の植物にとっては致命的かもしれない。こうした条件を変えるためにできることはあまりなく、そのためすでにあるものでなんとかしなければならない。

まず考えるべきなのが方位だ。庭はどの方向に面しているだろう。つまり、庭にどの方向から太陽光がさしこむか考える必要があるのだ。光の量と方向が分かれば、それに従って計画を立てて条件にもっともよく合う植物を育てることができる。方位磁石があれば判断できる。

南向き：この庭は通例、大量の太陽光を浴び、その結果、とくに夏の間は暑くなる。南向きの庭は、日あたりと乾燥を好む植物にとって、可能な最大量の日光を浴びることができる素晴らしい庭になるかもしれない。

北向き：この庭は日陰になりやすく、直射日光があたらないため、比較的涼しい庭になる。自分の庭がそうでもがっかりしないで。このような条件のところでよく生育し、もっと日あたりのいい場所では干からびてしまう、日陰を好む植物がたくさんある。

西向き：両極端の中間にあたる理想的な向きで、完璧な位置といってもよく、午前中は日陰になるが午後は日光の恩恵に浴する。日があたるときと日陰になるときの両方があるのを好む植物にとって最高の庭だ。庭越しに夕陽を眺めることのできる素晴らしい場所でもある。

東向き：西向きの庭と反対で、朝のうちは日あたりがよいが午後は日陰になる。太陽が昇るのを眺めるのは素敵かもしれないが、葉に残っている露を朝日が温めて軽い葉焼けを起こすこともあるので、東向きの庭でデリケートなものを育てている場合は注意すること。

もうひとつ考慮すべきなのが、庭が吹きさらしのところにあるか風がさえぎられたところにあるかだ。このことも、今あるスペースでもっともよく育つ植物を選ぶうえで、意味をもつことがある。風がさえぎられた場所が耐寒性のない植物にとって理想的な場所になるのに対し、吹きさらしの場所は、ときどき風にうたれても耐えることのできるグラス類やじょうぶな多年草によいかもしれない。

剪定

　植物をまる1年育てたあとでそれに鋏を入れるのは、非生産的に思えるかもしれない。だが、植物をよく管理し抑制しておくのは、植物のためになることだ。

　植物には回復力があり、死にたがってなどいないし、あなたがどう思おうと、剪定が植物の命にかかわるような害をなすことはまずない。たしかに短期的には見苦しくなるかもしれないが、たいていの多年草や低木は2〜3か月で回復する。

　剪定をする前に、念のためRHS（イギリス王立園芸協会）のウェブサイトで確認するとよい。全部で12の剪定グループがあり、すべての植物がいずれかに分類されているので、少しでも不安があれば先に確認しよう。

　剪定を始めるときは、その植物が高木、低木、多年草のいずれであっても、つねに次の4つの部分を取り除くよう心掛けなければならない。

　枯死した部分：枝など植物の成長部分のうち枯れたものを取り除くことにより、そこから病原菌が入るのを防ぐことができる。

　病気の部分：正常でない部分や病気にかかっている部分。

　損傷部分：傷ついた部分は取り除くべきだ。損傷部分は感染や病気の開始部位になりやすい。

　重なった部分：これはおもに大型低木や高木の場合で、互いにこすれ合い交差しはじめた枝のことである。枝が交差すると、弱くなってそのうち病気が発生するかもしれない。

　必要になるかもしれない用語をもう少しあげて、意味を簡単に説明しておこう。

　花がら摘み：咲き終わってしおれた花を植物から取り除くこと。これをすることで、より長い間開花させることができる。

　切り戻し：冬場にする仕事で、多年生植物を地際近くまで切り戻す。多年草は1年で成長して花を咲かせたのち、冬の間に枯れこむが、しばしばあとに骨格構造を残す。それは美しいことも多く、大霜や朝露が降りたときはとりわけ素晴らしい。このため、私はたいてい冬の間そのままにしておいて2月下旬に株元まで切り戻す。

　チェルシーチョップ：5月の第3週にするのが一番よい。多年草を半分まで切り詰める。そうするとコンパクトでじょうぶな株になり、長期にわたってより多くの花を咲かせる。[毎年5月後半に開催されるチェルシーフラワーショーと同じ時期に行うので、こうよばれる。]

　剪定：これについては詳細をくまなく述べた本やウェブサイトがたくさんある。そうしたものを見れば、一年のうちで最適な時期はいつか、どこを切るか、何を切るかについて、アドバイスがえられるだろう。

植物に関する用語

ラテン語が出てくるとゾッとして嫌な気分になるかもしれない。植物を育て
ガーデニングを楽しむのに、流ちょうにラテン語を話す必要も、存在するあら
ゆる植物を正しく識別できる必要もない。途方に暮れるような名前もあるが、
ガーデニングをするうえでそれほど重要なことではない。だから気楽に庭で楽
しもう。

本書では、ご覧のように各植物の普通名の上にラテン名を記載している。普
通名のほうが覚えやすくて分かりやすいかもしれないが、同じ名前が複数の植
物で使われていることがあり、混乱を避けるためラテン名と普通名の両方を記
載した。ラテン名は特定の植物を示すための世界共通の方法で、次の4つの部
分に分けることができる。

科名：その植物が属している科を表す。その植物がどんな条件でよく育つか、
あるいは育たないかを知る目安になる。

属名：これはその植物のもっとも重要な名前で、一番よく使われる。植物の
姓だと思えばよい。

種名：どの植物もそれぞれ独自の種名をもち、それは属の下にあるカテゴ
リーで同一グループ内の異なる植物を区別する［厳密には属名＋種小名で種を
表す］。

園芸品種名：いってみれば愛称で、発見者や開発者によってその植物につけ
られた他と区別できる名前のことが多い。説明的なことも多く、その植物がど
ういうものか想像できる。園芸品種は、人為的に交配してより色彩豊かに、香
り豊かに、あるいは育てやすくするなど、通例、なんらかの点で改良されている。

植物の寿命や成長の仕方を分類する説明的な用語がいくつもあり、育ててい
たらその植物がどうなるかおおよそ見当がつく。

一年生植物：発芽してから成長し花を咲かせて枯れるまでをすべて1年です
る植物で、ふつう、種子から始める。

二年生植物：通常、2年ほど生きる植物で、1年目に種子から成長して2年目
に花を咲かせる。

多年生植物：毎年毎年、復活する植物。たいてい冬の数か月間は枯れこみ、
一定期間活動を休止したのち春に復活する。多年生植物は毎年復活するが、4
～5年後には疲れてきて植え替えや株分けが必要になることもある（いつもそ
うとはかぎらない）。

低木：主として木本の植物で、多年草より大きくなる。多くの場合、1～3
メートルの高さになる。やぶ状になる傾向があり、複数の幹をもつ。

　高木：植物のうちでもっとも大きく、通例、3メートルを超える高さになる
ものをいう。低木と違って、1本の主幹をもつ。

　常緑植物：一年中、葉をつけている植物。

　落葉植物：冬の数か月間は葉を落とし、翌春に新葉を出す植物。

10

の

多年生植物

枯らさず楽しめる

アガパンサス

しなやかな緑色の葉の茂みから立ち上る丈夫な茎に高々ともちあげられて、ラッパ形の花が大きな房をなして咲く。夏の間、ひとつの株に数十の花がつき、まるで花火のように見える。*Agapanthus*（ムラサキクンシラン属）の植物は家で花瓶に活けたり飾りつけに使えるよい切り花になり、花の構造美を屋外でも屋内でも楽しむことができる。

Agapanthus
'Navy Blue'
アガパンサス
▼

大きさ
高さ1メートルまで

光
日なた

土壌の種類
砂、粘土、白亜、または壌土
[白亜は石灰岩の一種で、西ヨーロッパに分布する。石灰質土壌と読み替えるとよい]

水分
湿っているが水はけがよいこと

種類
A. 'Navy Blue';
A. *campanulatus* var. *albidus*、
ホワイトベルアガパンサス；
A. 'Silver Baby';
A. 'Black Buddhist'

なぜそれを育てるのか

アガパンサスを庭に植えると素晴らしい効果を発揮する。派手で印象的な花はじつに主張が強く、展示にドラマチックで刺激的な要素をくわえることができる。地中海的な外見をしているが、落葉性アガパンサスは一般に寒い冬にも耐える。そして外見どおり、夏の猛暑にも非常に強い。

どこに植えるか

鉢やコンテナでの栽培に耐える植物はいくつもあるが、アガパンサスはむしろそれが大好きだ。そしてじつはコンテナは、根を制限して、エネルギーが葉の成長に集中するのを防ぐことにより、開花をうながす働きがある。コンテナ栽培のもうひとつの利点は、霜害を受けやすくなる冬の間、安全な場所へアガパンサスを移動できることである。地面に直接植える場合は、排水がよく、さえぎるもののない開けた日あたりのよい場所を選ぶ。

どのように世話するか

次々と連続して花を咲かせるために重要なのは、つねに十分に肥料をあたえておくことだ。大きな花をこれほどたくさんつけるには大量のエネルギーを使うため、栄養素をバランスよくふくんだ液肥を1週間おきにあたえる。とくに比較的乾燥した時期には、定期的に水やりをすること。冬の間の追加的な保護として、ひどい霜から守るために株の周囲に堆肥やバーク（樹皮）、あるいはわらを敷いてみるとよい。

する

高温で地面が焼けるような日あたりのよいところで栽培する。

冬の間は植え込みにマルチをして霜の害から守る。

花がら摘みを続けて、いつもきれいにしておく——花束にしても美しい。

しない

せっかちになる——ときには花が咲くまでに3年もかかることがある。

完全に乾かしてしまう——乾燥に非常に強いが、花を咲かせるには水分が必要。

鉢で成長しすぎて根づまりを起こすまで放っておく——密集した状態を好むが、それでも成長し呼吸するための余裕が必要。

これも試してみよう

01

01. *Agapanthus campanulatus* var. *albidus*
ホワイトベルアガパンサス
純白の落葉性アガパンサスで、およ
そ60センチの高さになる。青々と茂
る葉から白い花が現れ、冬の間も株に
残って美しい。

02. *Agapanthus* 'Silver Baby'
比較的小型の落葉性アガパンサスで、
高さが60センチ前後にしかならない
ので、庭が狭い場合にぴったりだ。

03. *Agapanthus* 'Black Buddhist'
あらゆるアガパンサスの中でもっとも
濃く暗い色をしており、落葉性で十分
に耐寒性がある。漆黒の蕾が開くと濃
い青色のラッパ形の花が現れ、時が
たっても美しい。

02

03

アルケミラ（レディースマントル）

　庭に植える植物を選ぶとき、花をたくさん咲かせる植物、人目を引くカラフルで大胆な効果をあたえる植物に飛びついてしまいやすい。だが*Alchemilla*（ハゴロモグサ属）はそんな植物ではない。おとなしくて地味だが、忘れてはいけないとても働き者の多年草だ。

Alchemilla mollis
レディースマントル
▼

知っておくべきこと

大きさ
高さ幅ともに50センチまで

光
日なた～木もれ日のあたる日陰

土壌の種類
粘土、砂、白亜、または壌土

水分
湿っているが水はけがよいこと

種類
A. mollis、
レディースマントル；

A. erythropoda、
ドワーフレディースマントル；

A. alpina、
アルパインレディースマントル；

A. conjuncta、
シルバーレディースマントル

なぜそれを育てるのか

　レディースマントルは雨が降った直後に真価を発揮する。葉の上で水滴が玉になり、うっとりするような効果を生むからである。じつはアルケミラという名前の起源は古代の錬金術（アルケミー）におけるこの植物の用途と関係があり、葉の上にたまる露が薬に使われた。細かなぎざぎざのある葉から、泡を吹きかけたようなバターイエローの花が広がる。花も葉も切り花のアレンジメントに使うと素晴らしい。

どこに植えるか

　ボーダー花壇の前側に植えると、歩道のふちの線をくずしてやわらげる働きをする。ほとんどどんな場面でも使える非常に用途が広い植物である。周囲の植栽を引き立たせる背景の役割を果たし、庭で使える最高の観葉植物といってよいだろう。背が低いため鉢やコンテナでの栽培にも向いているし、典型的なコテージスタイルの庭にとてもよく合う。

どのように世話するか

　夏の間、完全に乾いてしまわないように注意する。日なたを好むが、湿ったところでもよく育つ。それを別にすれば、比較的てのかからない、確実にうまくいく植物である。それどころか、ときには育ちすぎることもあり、庭のあちこちに広がりはじめて、よけいなところにまで入りこむかもしれない。万一そうなったら、何株か掘り上げて、友だちに分けてあげよう。結局のところ、雑草というのは都合の悪いところに生えている植物にすぎないのだ。

する

フラワーアレンジメントに使う――葉が強い色をやわらげる働きをする。

しぼんだ花やくたびれた葉を切り取る――どちらもまた生えてくる。

年間を通して、海藻を主成分とする有機肥料をあたえる。

しない

完全な日陰に植える――なんとか生きていくかもしれないが、花を咲かせ繁茂するためには日光が必要。

もっと大きくなる植物の間に植える――そのうち覆いかくされてしまうだろう。

完全に乾かしてしまう――乾燥に完全に耐えるわけではない。

これも試してみよう

01

01. *Alchemilla erythropoda*
   ドワーフレディースマントル
   比較的小型のアルケミラで、割れ目や
   裂け目でよく育つ。とても行儀がよく、
   ソフトグリーンの繊細な葉がコンパク
   トな盛り上がりをつくる。

02. *Alchemilla alpina*
   アルパインレディースマントル
   非常に背が低く、ほとんど地をはって
   いるように見える。葉はわずかに光沢
   があり、小さな花はクリーム色がかっ
   た黄色で、ロックガーデンに最適。

03. *Alchemilla conjuncta*
   シルバーレディースマントル
   繊細でかわいい小型のアルケミラで、
   葉は光沢があり銀色をおびている。草
   むらを形成し、育てやすい。

02

03

アルメリアおよびその他の高山植物

　どんな庭にも、広さに関係なく、なにが育つかよくわからない割れ目や裂け目がある。このような小さな独特の植栽環境は見落とされることが多いかもしれないが、さまざまな高山植物が定着し成長できるスペースを提供する、庭についているありがたいおまけかもしれない。高山植物はもともとは岩だらけの山岳地帯に生えていたもので、非常に窮屈な場所で生育するように適応している。アルメリアも、そうしたきびしい条件のところでよく育つ植物のひとつである。

Armeria maritima
'Splendens'
アルメリア
（ハマカンザシ）
▼

大きさ
15センチ

光
日なた

土壌の種類
砂、粘土、白亜、または壌土

水分
水はけがよいこと

種類
A. maritima 'Splendens'、
アルメリア（ハマカンザシ）；

Erigeron karvinskianus、
ペラペラヨメナ；

Campanula poscharskyana、
ホシギキョウ；

Aubrieta deltoidea、
ムラサキナズナ

なぜそれを育てるのか

アルメリアは非常に育てやすく、最小限の努力しかしなくても、春の間中、そして夏から秋にかけて、うきうきするような鮮やかなピンクの花を何十も咲かせてくれる。そのチャイブに似た花をミツバチは大好きで、この植物はあまり大きくならないので理想的な地被植物になる。生まれて初めて育ててみる植物をさがしているのなら、これがいい。

どこに植えるか

アルメリアは、海岸線の周辺、とくに吹きさらしの崖に自生しているのを見かけることがある。割れ目や裂け目でたやすく種子を落としてふえ、こうした吹きさらしの場所はアルメリアが好む条件がどんなものか示している。日なたで水はけがよく、根を下ろすスペースが十分にあるところが大好きなのだ。自分の庭でこれを再現するときは、できるだけ日あたりのよい場所を見つけ、アルメリアをほかの高山植物と混植して究極のてまいらずの庭にするとよい。

どのように世話するか

アルメリアの栽培はじつに簡単で、勝手にやらせておけばよい。この植物は、大事にされ肥料をあたえられるより、放っておかれたほうがずっと幸せなのだ。害虫や病気に負けず、イギリスのどんな冬でも（雨が多すぎないかぎり）耐えることができる。

する

割れ目や裂け目にアルメリアを植える。

鉢で栽培するときは、砂を混ぜた排水性の高い培養土を使う。

アルメリアを使ってミツバチとチョウを引きよせる——花粉媒介者にとって最高の植物だ。

しない

わざわざ愛情をそそぎ世話をしすぎる——むしろ放置したほうがよく生育する。

日陰に植える——可能なかぎり多くの光を必要とする。

剪定する——しぼんだ花を摘んでこぎれいにしておくだけでよい。

これも試してみよう

01

01. *Erigeron karvinskianus*
   ペラペラヨメナ
   春から夏にかけて小さなデージーのような花を何百も咲かせる素晴らしい多年草で、石垣や敷石に広がって踊るように揺れる。水はけのよい日なたで育てること。

02. *Campanula poscharskyana*
   ホシギキョウ
   英名はトレイリングベルフラワーといい、その名の通り釣鐘状の薄紫色の花が、夏の間中、大量に咲く。繊細な小さな星形の花は、いったん咲きはじめると非常に旺盛に咲く。

03. *Aubrieta deltoidea*
   ムラサキナズナ
   これも匍匐して広がる素晴らしい地被植物で、石垣や敷石の間にもうまく定着できる。紫から濃いピンクの花を大量に咲かせる。

02

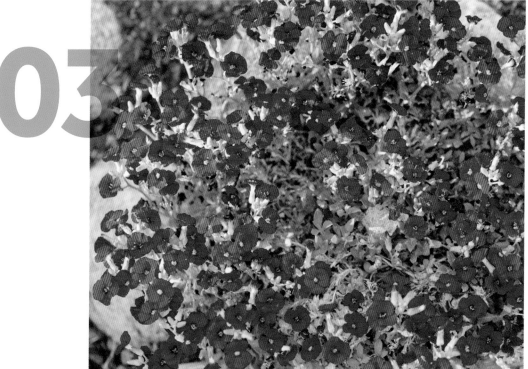

03

シダ類

シダ類は、ほかの植物ならたいていのものが葉をまきあげて育つのをこばむ、暗くじめじめした片隅にみずみずしい緑をもたらしてくれる素晴らしい植物群である。庭以外では、石垣のすき間から深く暗い森まで場所を問わず生育しているのが見られ、橋の下、さらには排水溝から生えていることもある。

Asplenium scolopendrium
コタニワタリ
▶

知っておくべきこと

大きさ
通常は30センチ前後

光
完全な日陰～半日陰

土壌の種類
砂、粘土、白亜、または壌土

水分
湿っているが水はけがよいこと

なぜそれを育てるのか

Asplenium（チャセンシダ属）のシダは、鮮やかな濃緑色をした、長くしなやかな独特の質感の葉をもつ。葉は、巻いた状態から、長い眠りのあとで伸びをする犬のように広がる。シンプルで構造的で、一年中、庭に趣をそえてくれる。

どこに植えるか

シダ類は乾燥した日陰もふくめどんな種類の日陰でも耐えるため、高木や大型の低木の下に植えるのに理想的である。森のような環境のところに植えるが、直射日光がさえぎられる北向きの壁のすぐそばでもよい。

どのように世話するか

しおれた葉を切り取って、みずみずしい新葉が出てこられるようにする。何年かたったら、株元までかなり強く切り戻す。そうすれば反応して活発になり元気をとりもどすだろう。シダが完全に乾いてしまわないようにすること。乾燥した日陰でも耐えるが、とくに生育初年目は、さかんに成長するには多量の水を必要とする。

する

庭の中でもほかのものが育たない日陰に植える。

水分を維持するため、堆肥やバーク（樹皮）で周囲の地面をおおう。

鉢で育てる——鉢植えなら庭のあちこちに移動してみて最適な場所を見つけることができる。

しない

日なたに植える——葉が日焼けして黄色になるだろう。

とくに最初の生育期に完全に乾かしてしまう。

わざわざ増殖させようとする——むずかしいかもしれないし、いずれにしても自分で繁殖することが多い。

これも試してみよう

—

Dryopteris erythrosora 'Brilliance'
ベニシダ
褐色がかった赤色の葉を出し、およ
そ60センチの高さになる。

—

Athyrium filix-femina
レディーファーン
およそ80センチの高さになり、細
かい切れこみの入ったソフトグリー
ンの葉が、植栽をやわらげ静かな雰
囲気を生む働きをする。

—

Polystichum setiferum
ソフトシールドファーン
およそ1.2メートルの高さになり、
林内型植栽にドラマチックな要素が
くわわるのはまちがいない。春に株
元まで切り戻し、新葉が展開するの
を見る。

エリシマム

おばあちゃんの家の切り花用花壇にありそうな植物のグループで、ひとまとまりになって色づいたどうということのない花壇用植物として見すごされることが多い。しかし、それですませてはいけない。じつは、こうした汚名を返上するだけでなく、庭で望むことのできるもっとも確実で働き者の植物といえる多年生エリシマムのグループがあるのだ。これらのエリシマムは、従来の開花期にまったくとらわれず、一年の大半の期間、開花する傾向がある。

Erysimum
'Bowles's Mauve'
エリシマム
▼

知っておくべきこと

大きさ
高さ75センチまで

光
日なた

土壌の種類
砂、白亜、または壌土

水分
水はけがよいこと

種類
E. 'Bowles's Mauve'；
E. 'Apricot Twist'；
E. 'Red Jep'；
E. 'Winter Orchid'

なぜそれを育てるのか

　春の中頃から秋までずっと花を咲かせるエリシマムは、あきらめることを知らない植物だ。そのがまん強さは感動的という言葉でもたりないくらいで、RHSプラント・オヴ・ザ・センテナリーをもう少しで受賞するところだった理由のひとつである。葉は灰色がかった緑色で、申し分のない背景になって花を際立たせる。

どこに植えるか

　庭の中で一番日あたりのよい場所を見つける。望ましいのは南向きの壁の前で（そのためウォールフラワーという名前がついている）、そこなら日差しを浴びて暖かく、どんどん花を咲かせることができる。排水性のよい土壌に地植えするとたいへんよく生育するが、コンテナでも同じくらいうまくいく。

どのように世話するか

　終わることがないと思えるくらい開花を続けさせるには、咲き終わった花の切り戻しをつねに行い、エネルギーとスペースを使えるようにして、より多く開花できるようにする。株が古くなると木質化し、風に吹かれて動揺しだすことがあるので、そうならないようにふつうより少し深く植える。年間をとおしてエネルギーレベルを維持できるように、2〜3か月に1回施肥する。

する

夏の間ずっと開花しつづけるように、定期的に花がら摘みをする――少しめんどうかもしれないが、努力はむくわれる。

純白のチューリップと一緒にコンテナに植えて、しゃれた春の寄せ植えにする。

乾燥に耐える植物を組み合わせた植栽で使う。

しない

粘土質土壌で育てる――そんなことをすると冬場に土壌が水浸しになるかもしれない。

2〜3年後に枯れると、そのことでくよくよする――厳密には多年生植物だが、短命な場合もある。

日陰に植える――繁茂するには十分な日あたりが必要。

これも試してみよう

01

02

01. Erysimum 'Apricot Twist'
オレンジ色の快活さが好きなら、この品種がぴったりだ。春の間ずっと、そして初夏になっても、明るくはつらつとしたオレンジ色の花をつける。

02. Erysimum 'Red Jep'
'Bowles's Mauve' の兄弟で、驚くほど香りがよく、やはり1年の大部分、開花する。花は目を引く深紅色で、大胆な主張をするのにうってつけだ。

03. Erysimum 'Winter Orchid'
ピンクとオレンジが入りまじっていてどちらかというとけばけばしく、意見が分かれるかもしれない。しかし、香りが強くて見た目が華やかなちょっと変わったものをさがしているのなら、絶対にこのエリシマムを検討してみるべきだ。

03

ユーフォルビア（スパージ）

Euphorbiaceae（トウダイグサ科）は数千種を包含する大きな植物群である。大半は多肉植物だが、草本のものはわくわくするほどさまざまな風合いの葉をもち、明るく刺激的な青、緑、金の色を呈する。もっとも人気があるのは *E. characias* subsp. *wulfenii*（メディタレニアンスパージ）だ。

Euphorbia characias subsp. *wulfenii* メディタレニアンスパージ ▼

知っておくべきこと

—

大きさ

高さ1.5メートルまで

—

光

日なた～半日なた

—

土壌の種類

砂、壌土、白亜

—

水分

水はけがよいこと

—

種類

E. characias subsp. *wulfenii*、
メディタレニアンスパージ；

E. tirucalli 'Firecracker'；

E. mellifera；

E. amygdaloides var. *robbiae*、
ウッドスパージ

なぜそれを育てるのか

　これらの植物は耐乾燥性があり、それは夏にほとんど水やりをしなくてよいということで、害虫と病気もほとんどつかない。一年中、茎に魅力的な青緑色の常緑の葉が輪生する。壮観なのはなんといっても花で、春に硬い茎に高々ともちあげられて、アシッドライム（明るい黄緑色）の苞が大きな房をなしてつく。

どこに植えるか

　E. characias subsp. *wulfenii* をはじめとして多くのユーフォルビアは土壌条件にうるさくないし、水はけがよいかぎり、どんな土壌でもよく生育する傾向がある。野外の完全な日なたか半日なたで栽培しなければならない。完全に日陰のところや、風にさらされるかもしれない場所は避けること。草本のボーダー花壇に植えたときにもっとも見ばえがして、ふつうは中ほどに植えて前側にもっと小さな植物を植える。一年の大半の期間、常緑の葉が素晴らしいコントラストを生んで近くの花々を引き立て、春にほとんどネオンのような黄色の花茎が目の覚めるような色をまき散らす。

どのように世話するか

　ユーフォルビアはかなりのてまいらずで、花が終わったら花茎を地際近くまで切り戻すだけでいい。ただし、ひとつ気をつけなければならないことがあり、乳白色の汁液は有毒な刺激物なので、皮膚につけないように注意し、眼や口には決して入れてはいけない。

する

ユーフォルビアを扱うときは手袋をはめ、乳液に触れたらすぐに手を洗う。

開花する前の早春に株分けしてふやす。

切った花茎を活ける前に湯に浸して、乳液が出るのを防ぐ。

しない

食べる──乳液は有毒だ。

肥料のやりすぎや過保護──この植物は放っておいたほうがいい。

低木の茂みのように刈り込む──必要なら茎を株元まで切り戻す。

これも試してみよう

01

02

01. *Euphorbia tirucalli* 'Firecracker'
    高さ45センチのユーフォルビアで、
    花は鮮やかなオレンジがかった赤色。

02. *Euphorbia mellifera*
    中型の常緑低木で、花は蜂蜜の香りが
    する。

03. *Euphorbia amygdaloides* var. *robbiae*
    ウッドスパージ
    小型の地被植物で、春のアシッドイエ
    ロー（かすかに緑ががかった黄色）が
    素晴らしい。

03

スティパ（ニードルグラス）

　グラス類つまり*Poaceae*（イネ科）の草には、本書で紹介したほかの多くの植物がもっているような花の力はないかもしれないが、庭で重要な役割を果たし、これがなければ強烈になりすぎる植栽に構造や造形、テクスチュア（質感、風合い）をあたえる。グラス類をとりいれることにより、それを引き立て役にして、花を咲かせる植物を輝かせることができる。ニードルグラスつまり*Stipa*（ハネガヤ属）の植物はそれにうってつけだ。

Stipa tenuissima
メキシカンフェザーグラス
▼

知っておくべきこと

—

大きさ
高さ60センチまで

—

光
日なた

—

土壌の種類
砂、粘土、白亜、または壌土

—

水分
水はけがよいこと

—

種類
S. tenuissima、
メキシカンフェザーグラス；
Anemanthele lessoniana、
フェザンツテールグラス；
Sesleria caerulea、
ブルームーアグラス；
Deschampsia cespitosa、
タフテッドヘアーグラス

なぜそれを育てるのか

　繊細なほっそりした穂がそよ風に揺れ、いっそう趣をそえる。その上、軟らかく弱々しい外見にもかかわらず、耐寒性が非常に強いスティパもある。夕陽に照らされて半透明の穂が金髪のように輝き、季節が進むにつれて美しく成熟していく。

どこに植えるか

　日なたに植えれば失敗しようがない。それを考えると、グラベルガーデン（砂利を敷いた庭）やドライガーデンがニードルグラスにとって理想的な場所だ。しかし、コテージスタイルの庭、ワイルドライフガーデン、コンテナガーデン、さらには小道のふちにも非常にうまく調和し、強すぎる線をやわらげ弱める働きをする。

どのように世話するか

　この植物にかんして人々がよくする間違いは、早く刈りすぎることだ。労力を節約し、冬の数か月間、放っておけばよい。春が来たら、枯れた葉を指でそっとかき出し、残った葉はそのままにしておく。グラス類は刈り込んだら成長するのだが、さっと整えるくらいで十分だ。

する

コンテナに一年草と一緒に植えて、軽くてふんわりした効果を出す。

日なたで育てる——この植物は日照りつづきの天候にも耐えることができる。

可能なら群生させる——小さな庭では簡単ではないが、スペースが確保できたらやってみよう。

しない

秋に刈り込む——そうせずに春まで待って、枯れた部分を指でかき出す。

冬の間、湿った土に植えておく——腐る原因になる。

望ましくないところへ広がるのを放っておく——万一そうなったら、掘り上げて、あまったのを友だちにあげよう。

01

02

01. *Anemanthele lessoniana*
    フェザンツテールグラス
    一年中、趣をそえてくれる素晴らしい植物だ。葉は驚くほど色彩豊かで冬の間にいっそう濃くなり、夏の間に印象的な穂を出す。

02. *Sesleria caerulea*
    ブルームーアグラス
    落ち着いた青緑色の葉がつくる背の低い茂みは、庭の中でも日があたってからからに乾いた部分にうってつけだ。この植物の一番の魅力は葉にあるが、小さなクリーム色の穂もつける。

03. *Deschampsia cespitosa*
    タフテッドヘアーグラス
    比較的早く開花するグラス類で、RHSチェルシーフラワーショーの展示で見かけることも多い。植栽をまとめることも、それ自体が主役になることもでき、高さが1メートルに達する。

03

サルビア

Salvia（アキギリ属）は大きな属で、候補となる素晴らしい品種が何十もある。Salvia nemorosa 'Caradonna' をはじめとする非常に見ごたえのあるいくつかの品種は、コンパクトに茂った葉の上に立ち上がる堂々とした紫色の花穂が見ものだ。品のよさと用途の広さを兼ねそなえているため、どんな庭に植えても素晴らしい。

Salvia nemorosa
'Caradonna'
サルビア・ネモローサ
▼

知っておくべきこと

——

大きさ
高さ50センチまで

——

光
日なたを好むが半日陰でも耐える

——

土壌の種類
砂、壌土、または白亜

——

水分
湿っているが水はけがよいこと

——

種類
S. nemorosa 'Caradonna'、
サルビア・ネモローサ；
S. 'Nachtvlinder'；
S. guaranitica 'Black and Blue'；
S. × sylvestris 'Mainacht'

なぜそれを育てるのか

わたしは「自分でなんとかやっていく」植物が大好きで、だからいつもサルビアを育てる。5月から初霜が降りるまでずっと花を咲かせることができるため、大多数のガーデナーにとって、そしてガーデンデザイナーにとっても同じように、なくてはならない植物だ。その後も頑張りつづけ、骨格だけになった花茎が朝露と厳寒の霜をとらえる。

どこに植えるか

サルビアは日なたが大好きだ。木もれ日があたる日陰でも耐えるが、日あたりがよいほどよく育つ。コンパクトなので鉢やコンテナでの栽培にも向いており、あまり広いスペースがない場合でもうまくいく。サルビアは混植のボーダー花壇、ワイルドライフガーデン、コテージガーデン、ドライガーデンにぴったりだ。ほんとうにどこでもいい！

どのように世話するか

この植物をうまく育てるために重要なのは、冬の間ずっと過湿にならないようにすることだ。耐寒性はあるが、多湿は好まない。そのため、可能な場合は粘土質土壌での栽培は避ける。2月に株元まで切り戻して、なにか良質の古い有機物でマルチし、復活するのを待つ。

する

開花するのをやめたら切り戻す──そうすれば、その年の残りの期間、また次々と咲いてくれる。

この植物を使って野生生物を庭に引きよせる──ミツバチやチョウが夢中になる。

切り花として使う──花穂を花束にくわえると素晴らしい。

しない

ほとんど日があたらないところに植える──開花せず、生きていくのにも苦労する。

粘土で育てる──最高に能力を発揮するには、排水性のよい軽い土壌が必要。

冬に花穂を切り戻す──そのまま残しておけば、冬の庭に造形的な美しさをもたらしてくれる。

01

02

03

01. *Salvia* 'Nachtvlinder'
    コンテナに植えるととても見ばえがし
    て、繊細な濃い紫色の花をつけ、何か
    月も開花しつづける。メキシカンフェ
    ザーグラス（44ページ）と一緒に植
    えると素晴らしい。

02. *Salvia guaranitica* 'Black and Blue'
    非常に目立つ濃い色のサルビアで、
    ボーダー花壇に深みをあたえる。夏か
    ら秋にかけてずっと開花し、成長する
    と高さ2メートルになる。大きなボー
    ダー花壇にはなくてはならない植物で
    ある。

03. *Salvia × sylvestris* 'Mainacht'
    'Caradonna' に似ているが、もっと
    湿った土壌を好み、そのため湿り気味
    の庭の場合はこちらを選ぶほうがよい。
    堂々とした紫の花穂がおよそ75セン
    チの高さになる。

ワレモコウ

Sanguisorba（ワレモコウ属）は昔からわたしの大好きな植物で、美しいうえにさまざまな目的で使える失敗のしようがない植物だ。大好きにならないわけがない。初めて育てたのは子どものときで、花がぎっしりならんだ花房が風で揺れ動き、催眠術をかけられたようになったのを覚えている。よく揺れるので「ボブルヘッズ」（首振り人形の意）ともよばれる。いくつかの品種はとりわけ育てやすく、長い茎が特徴で、そよ風が吹いただけでも花房がゆらゆら揺れる。

Sanguisorba
officinalis
'Red Thunder'
ワレモコウ
▼

知っておくべきこと

大きさ
高さ1～1.5メートル

光
日なた～半日陰

土壌の種類
砂、粘土、白亜、または壌土

水分
湿っているが水はけがよいこと

種類
S. officinalis 'Red Thunder'、
ワレモコウ;
S. canadensis、
カナディアンバーネット;
S. hakusanensis 'Lilac Squirrel'、
カライトソウ;
S. officinalis 'Chocolate Tip'

なぜそれを育てるのか

　もともとは草原に生える多年草なのでナチュラルプランティング（自然を模した植栽）にうってつけで、放っておいても自分で種をまいて広がり、たいていのことはなんとかうまくやっていく。植物を選ぶときに気をつけるようお勧めするもうひとつのことが、その植物がどのように枯れるかということだ（ほんとうだ）。開花を終えたあとも優雅で端正な姿を維持する植物を栽培できたら、お金をかけずに冬の間もずっと楽しむことができる。

どこに植えるか

　最大の効果をえるには、グラス類やそのほかの背が高くふんわりした多年草の間にワレモコウを植えて、独特の風合いのボーダー花壇にする。もともと多くを要求しない植物なので、さまざまな場所で育てることができるが、理想をいえば日なたか木もれ日があたる日陰で排水性のよい良質な土壌に植える。

どのように世話するか

　ふさわしい場所を見つけてしまえば、あとは簡単だ！　晩冬に枯れた部分を切り戻す。これはあまりていねいにする必要はなく、刈り込みばさみを使えば、ほかのなによりずっと速く簡単に作業ができる。3月下旬以降に新芽が伸びてくる。成長しはじめたら、大雨で倒れないように支えをしてやる。

する

グラス類と一緒に植える——この組み合わせは、ふんわりした自然な効果を生む。

成長したら支柱をして大雨で倒れるのを防ぐ。

5月に切り戻してじょうぶな株にし、太い花茎を出させる。

しない

乾燥させすぎる——うどんこ病（葉の表面に白い粉が生じる）にかかりやすくなるかもしれない。

完全な日陰に植える——最高の力を発揮するには日光が必要。

2月までに切り戻す——もしかしたら揺れる穂が冬の霜をとらえる機会があったかもしれない。

これも試してみよう

01

02

01. *Sanguisorba canadensis*
   カナディアンバーネット
   北アメリカ原産の、直立し背が高くな
   るワレモコウ属の植物で、広い庭に
   ぴったりだ。夏の終わりから秋まで白
   い花穂をつける。

02. *Sanguisorba hakusanensis 'Lilac Squirrel'*
   カライトソウ
   ちょっと変わったものが好きな人に
   よい。およそ1メートルの高さになり、
   ふわふわした薄紫の花がリスの尻尾に
   似ている。

03. *Sanguisorba officinalis 'Chocolate Tip'*
   この品種はチョコレート色の花を咲か
   せる。高さがおよそ80センチにしか
   ならず、ボーダー花壇の前よりに植え
   るとよい。

03

バーベナ

　Verbena（クマツヅラ属）の植物は、わたしたちガーデナーと同じくらいミツバチやチョウからも好かれている。優美でふんわりとした見かけにもかかわらず、非常に丈夫で回復力のある植物で、とりわけ暑い夏にも耐えるため、わたしが思う、めったなことでは枯れない多年草のトップテンのひとつになっている。

Verbena bonariensis
ヤナギハナガサ
▼

———

大きさ
高さ2メートルまで

———

光
日なた

———

土壌の種類
砂、粘土、白亜、または壌土

———

水分
排水性がよいこと

———

種類
V. bonariensis、
ヤナギハナガサ；
V. bonariensis 'Lollipop'；
V. rigida、
シュッコンバーベナ；
V. macdougalii 'Lavender Spires'

なぜそれを育てるのか

　庭に野生生物、構造、色、面白味をもたらしたいとき、バーベナは素晴らしい選択である。6月の終わりから初霜が降りるまで開花する、人の喜ばせ方を知っている植物だ。開花を終えても、古くなった頭状花が熟して朝日の中でかすかに銀色をおびて見え、冬の間ずっと造形的な美しさをもたらしてくれる。茎が非常に硬くて直立しているので、切り花として使うのにも適している。何千も咲くことがある花は、直径3センチほどの大きさの密集した小さな房を形成し、やってくるミツバチにとって理想的な着陸地点になる。

どこに植えるか

　バーベナは、排水がよく南向きで日あたりのよい場所が大好きだ。あまり長い間過湿状態に置かれないかぎり、どんな種類の土壌でもかまわない。南アメリカ原産で、暑いのをとても好む。このことを考慮すると、グラベルガーデンがとてもよい植栽場所になる。グラベルガーデンをもっていなければ（心配しないで、わたしだってもっていない）、大きめの鉢に非常に軽い排水性のよい培養土を入れれば十分だ。

どのように世話するか

　あるものでなんとかするのが得意なバーベナは、ほんとうにくじけることなく生きていく。植えたばかりでこれから定着しなければならないとき、そしてことによると非常に暑くなるとき（7〜8月）に水やりが必要なのを別にすれば、バーベナは自分の面倒は自分で見る。夏の間ずっと、手を出さずにピンクッションのような形にまとまった何百もの紫の花を楽しもう。晩冬に切り戻す。

する

ほかの植物を隠さないように、ボーダー花壇の後ろ側に植える。

生育中に倒れはじめたら支柱で支える——自然に見えるように、切り株から伸びたハンノキの茎を使う。

ワイルドライフガーデンに植える——ミツバチはそのたくさんある花がほんとうに大好きだ。

しない

開花期が終わったらすぐに切り戻す——この植物は自然に種子を落としてふえ、ただで翌年も花を咲かせてくれる。

日陰に植える——繁茂するには十分な日差しが必要。

水やりを忘れる——ほとんど枯れることのない植物だが、非常に暑い時期にはいくらか水が必要だ。

これも試してみよう

01

01. *Verbena bonariensis* 'Lollipop'
比較的小型でコンパクトなバーベナで、あまりスペースがなく鉢かコンテナで育てようと思っている場合にうってつけだ。

02. *Verbena rigida*
シュッコンバーベナ
小型のバーベナで、コンテナ栽培に理想的だ。硬い茎にはっとするような濃い紫色の花を何か月も続けて咲かせる。わたしの大好きな植物のひとつだ。

03. *Verbena macdougalii* 'Lavender Spires'
名前が示しているようにラベンダー色の花が7〜10月に咲く。高さ2メートルにもなり、直立した花穂をつける。

02

03

5
つの
低木

枯らさず楽しめる

コルヌス

　庭は夏の数か月だけでなく一年中、美しく見えなければならない。冬の間も庭に構造と面白味をくわえるのはむずしいことではなく、少し色があるだけで、寒くじめじめした日を活気づける効果がある。ドッグウッドともよばれる*Cornus*（ミズキ属）は多様な種を含むグループで、冬に趣をそえる構造的な植物から、春にとても美しい花を咲かせるハナミズキまで、どんな庭にもそこにぴったりのコルヌスがある。

Cornus alba
'Sibirica'
シラタマミズキ
▼

知っておくべきこと

大きさ
高さ2.5メートルまで

光
日なた〜半日陰

土壌の種類
砂、粘土、または壌土

水分
湿っているが水はけがよいこと

種類
C. alba ‘Sibirica’、
シラタマミズキ；
C. sanguinea ‘Midwinter Fire’；
C. kousa ‘China Girl’；
C. controversa ‘Variegata’、
斑入りミズキ

なぜそれを育てるのか

　コルヌスはさまざまな場所でよく生育し、あらゆる種類の庭に合う。見事な春の花から素晴らしい冬の構造的要素まで、どんな空間にもそこに合うコルヌスがある。ウィンタードッグウッドとよばれるものは、もっとも寒い数か月の間、強烈な色で特別な光景を生み出し、強い印象をあたえるのはまちがいない元気が出る植物だ。さまざまな場面で使えるため、ガーデナーの間で根強い人気がある。

どこに植えるか

　ほとんどどこでも生育し、大半の種類の土壌で満足し、少しくらい日陰でもかまわない。

どのように世話するか

　ほんとうにとても育てやすい低木である。冬を彩る目の覚めるような最高の展示にするには、晩冬に古い茎を株元まで切り戻すのが鍵だ。すると、春から夏にかけてこの低木は次の冬に楽しめる鮮やかな色の新梢を出すのである。

する

冬の間は茎をそのままにしておき、3月に株元まで切り戻す。

切った茎をフラワーアレンジメントで使う。

色彩豊かなほかのウインタードッグウッドと混植して、燃え立つような冬の展示にする。

しない

冬になる前に茎を切り戻す——なんといっても茎を目的に育てているのだから残しておこう。

日陰で育てる——冬に最高の色にするには、日なたで育てる。

暑い夏の間に完全に乾かしてしまう——ストレスを受け、葉焼けをおこすかもしれない。

これも試してみよう

01

01. *Cornus sanguinea* 'Midwinter Fire'
   大きさは 'Sibirica' と同じくらいだが、茎がずっと濃く色づき、遠くからだと燃えているように見える。たくさんまとめて植えるとほんとうに目を見張るようだ。

02. *Cornus kousa* 'China Girl'
   春に花を咲かせるヤマボウシで、高さ7メートルにもなることがあり、小型の高木といえる。しかし、たいていの庭で大型の低木として栽培されている。

03. *Cornus controversa* 'Variegata'
   斑入りミズキ
   階段状に見える見事な斑入りの葉を目的に栽培され、ウェディングケーキツリーともよばれる。この木が枝を広げることができてその姿が引き立つ少し広めの庭があるのなら、申し分ない植物だ。

02

03

フクシア

　静かに頑張って夏に花を咲かせる*Fuchsia*（フクシア属）の低木には、愛すべきところがたくさんある。この植物は、世話をしなくても、どんな多年草にも負けない美しい姿を見せてくれる。夏の間中、どんな庭にも色をそえることのできる誠実な働き者で、あらゆる規模の庭で使うことができる。ハンギングバスケットでよく育つ品種がたくさんあるが、多くのフクシアは保護してやらなければ冬の間に枯れてしまう。

Fuchsia
'Hawkshead'
フクシア
▼

知っておくべきこと

―

大きさ
高さ1メートル、幅50センチまで

―

光
日なた〜半日陰

―

土壌の種類
砂、粘土、白亜、または壌土

―

水分
湿っているが水はけがよいこと

―

種類
F. 'Hawkshead'；

F. 'Mrs Popple'；

F. 'Riccartonii'；

F. 'Annabel'

なぜそれを育てるのか

フクシアはコテージガーデンにはなくてはならない植物で、たくさん花を咲かせ驚くほどがまん強いため、多くのガーデナーにたいへん人気がある。春から初秋までずっと、筒状の蕾から釣鐘状の花が咲く。

どこに植えるか

フクシアがもっともよく生育するのは、ほとんど一日中日差しを受ける肥えた土壌である。比較的寒い数か月間は保護しておくことが重要で、このため、コンテナで育てている場合、冬にはあまり風雨にさらされないところへ移したほうがよい。'Hawkshead' のような品種は、コテージスタイルの庭やシュラブボーダー（低木中心のボーダー花壇）で育てるのに適している。ゆったりと散開する習性があるため周囲の植栽をやわらげ、密植すれば背の低い非整形の生垣にもなる。

どのように世話するか

植えつけるときは、鉢にあったときより少し深く植える。こうすると根を寒さから守ることができる。冬の間マルチをすれば、さらに保護できる。開花期には、定期的に肥料と水をやって、美しい姿ができるだけ長く続くようにする。早春に剪定し、枝を主枝のところまで切り戻す。

する

成長するにつれて摘芯し、枝分かれして広がるよううながす。

夏に美しい姿になるように、早春に地際近くまで切り戻す。

継続して開花するように定期的に施肥する。

しない

吹きさらしの場所で育てる――冬に風の害を受けやすくなるかもしれない。

早く剪定しすぎる――冬の終わりまたは早春になってから切り戻す。

夏の間に完全に乾かしてしまう。

これも試してみよう

01

02

01. *Fuchsia* 'Mrs Popple'
　確実にうまくいく育てやすいフクシア
　で、比較的日あたりの悪い庭にぴった
　りの候補である。赤い萼が、中央にあ
　るひだ飾りのような紫色の花冠（花弁
　の集まり）を守っている。

02. *Fuchsia* 'Riccartonii'
　'Mrs Popple'（もっとほっそりして
　いる）によく似た花が大量につくが、
　ずっと大きな植物で、大型の低木とし
　て活躍し、庭にかさのあるものをくわ
　えたいときによい。

03. *Fuchsia* 'Annabel'
　この品種は、上品なピンクをおびた白
　い八重の花を咲かせる。かなり小型の
　フクシアで、コンテナでも立派に育つ。

03

ハイドランジア

Hydrangea（アジサイ属）の植物は、目立つ印象的な頭状花が庭にドラマチックな要素をくわえるため、私も育てるのが大好きな低木である。派手で奔放に見えるにもかかわらず、実際にはとても育てやすく、たいていの条件に耐え、毎年確実に楽しませてくれる。

Hydrangea paniculata
'Limelight'
ノリウツギ
▼

知っておくべきこと

大きさ
高さ2.5メートル、幅1.5メートル
まで

光
日なた～半日陰

土壌の種類
砂、粘土、または壌土

水分
湿っているが水はけがよいこと

種類
H. paniculata 'Limelight'、
ノリウツギ；

H. anomala subsp. *petiolaris*、
ツルアジサイ；

H. arborescens 'Annabelle'；

H. macrophylla 'Kardinal Violet'

なぜそれを育てるのか

　大きな円錐形の花序が巨大なアイスクリームコーンのように高々と立ち上がる。花は冬の間もずっとしっかりついていて、春になって切り戻しをするまで、庭に構造的な美しさをもたらしつづけてくれる。

どこに植えるか

　ほぼ終日、日があたるが、ある程度風がさえぎられる場所を見つける。木もれ日のあたる日陰が理想的で、夏の暑いときに涼しく保つことができる。混植のシュラブボーダーに取り入れるとよいし、非整形の生垣として、さらにはコンテナの中の印象的な注視点としても活躍する。伝統的なコテージガーデンから現代風の中庭まで、さまざまなところにうまく調和するだろう。

どのように世話するか

　本当によいハイドランジアを育てるためのヒントがその名前に隠されており、*hydor*(ヒュドール)は水を意味するギリシア語である。とくに夏の間、乾いてしまわないように気をつけること。とてもたくさん水を必要とするかもしれない大きな植物であり、見事な花を咲かせるには水を切らさないことが重要である。晩冬に、古い木質化した部分まで刈り込み、前年に伸びた枝を主枝から2芽のところまで切り戻す。

する

大きな切り花として使う──花瓶に6本も活ければ十分で、長もちする室内展示になる。

水分を多くふくむ肥沃な土壌で育てる。

大きなコンテナに標本植物（単独で植えられて注目を集める植物）として植える──シンプルだが効果的な展示になる。

しない

晩冬までに切り戻す──残しておけば、シードヘッドの構造美を寒い数か月の間ずっと楽しむことができる。

完全な日陰に植える──さかんに成長するにはいくらか日光が必要。

完全に乾かしてしまう──とくに夏の間は、つねに湿った状態に保つ。

これも試してみよう

01

02

01. *Hydrangea arborescens* 'Annabelle'
シンプルで大きなクリームがかった白色の頭状花が理由で昔からずっと大好きなハイドランジアであり、頭状花はサッカーボールほどの大きさになることもある。最大の効果をあげるには、壁ぎわに一列に何本も植える。

02. *Hydrangea macrophylla*
'Kardinal Violet'
かなりコンパクトな低木で、何十もある装飾花の色が土壌pHによって変わる。

03. *Hydrangea anomala* subsp. *petiolaris*
ツルアジサイ
大きな白い装飾花が夏の間ずっと咲く。自分ではい登ることができ、完全な日陰でも、大きな目立つ高木にからませて成長させるのにうってつけだ。

03

トベラ

Pittosporum（トベラ属）の植物は働き者で育てやすく、確実にうまくいく低木で、年間を通じて庭に構造をもたらしてくれる。セイヨウツゲ（*Buxus sempervirens*）のすぐれた代用になり、しっかり刈って同じようなトピアリー風の姿にすることができ、背の低い生垣、あるいは視線を集める要素として使える。こんもりと盛り上がった茂みは非常に用途が広く、庭のさまざまな場面で使える。

Pittosporum tenuifolium 'Tom Thumb'
▼

知っておくべきこと

—

大きさ
高さ1メートル、幅1メートルまで

—

光
日なた～半日陰

—

土壌の種類
砂、白亜、または壌土

—

水分
湿っているが水はけがよいこと

—

種類
P. tenuifolium 'Tom Thumb'；

P. tenuifolium 'Golf Ball'；

P. tobira 'Nanum'、
矮性のトベラ；

P. tenuifolium 'Silver Queen'

なぜそれを育てるのか

きらきら輝く密集した背の低い頼りになる低木で、小さな光沢のある葉が密生する。春の新芽はみずみずしい緑色で、しだいに濃い紫色になり、一年中、美しい。植栽に構造、テクスチュア、造形をもたらすが、継続的な管理について心配する必要はない。

どこに植えるか

トベラ属の植物は日あたりがよく排水性のよい場所を好むが、寒風を嫌い、霜の害を受けやすい場合もあるので、あまりひどく開けたところに植えるのは避ける。背の低い品種は鉢やコンテナに向いているが、それ以外のものももう少し大きくなれる広いボーダー花壇で簡単に育てることができる。花壇を区切るのに使う。

どのように世話するか

非常に世話が簡単で育てやすく、成長が遅いのでほとんど管理の必要がなく、葉を密集したコンパクトな状態に保ちたい場合も、たまに刈り込むだけでよい。冬の数か月間は根元に厚くマルチをして、根を霜から守る。

する

ツゲの生垣のすぐれた代用品として使う。

何本もかためて植えて、ドーム状の盛り上がりが重なりあって雲のような効果を生むようにする。

葉を使って広範囲に広がる色を断ち、庭に構造をあたえる。

しない

吹きさらしの場所で育てる――寒風や霜の害を受けやすくなるかもしれない。

切り戻しを強くしすぎる――早春に軽く剪定して形を維持する。

日陰で育てる――この植物は日なたを好む。

これも試してみよう

01

01. *Pittosporum tenuifolium 'Golf Ball'*
さわやかなライムグリーンの色をした
コンパクトな品種。小さなドーム状に
なり、植栽をまとめる働きをする。コ
ンテナに1本だけ植えてもとても見ば
えがする。

02. *Pittosporum tobira 'Nanum'*
矮性のトベラ
比較的肉厚で背が低く、こんもりとし
たコンパクトな盛り上がりをつくる。
葉が比較的大きくて光沢があり、熱帯
風に見える。

03. *Pittosporum tenuifolium 'Silver Queen'*
トベラ属としてはかなり大きくなるの
で、目隠しや垣根にぴったりだ。薄緑
色の葉が白く縁取りされていて、明る
く控えめに見える。

02

03

ビバーナム

Viburnum（ガマズミ属）の低木はほとんどどこででもうまく育つ。そのうえ、用途が広く枯れにくいにもかかわらず、春の数か月間ずっと、繊細な花を房状につける。

Viburnum opulus
'Roseum'
セイヨウカンボク
▼

知っておくべきこと

大きさ
高さ4メートルまで

光
日なた、半日陰、さらには完全な日陰でも

土壌の種類
砂、粘土、白亜、または壌土

水分
湿っているが水はけがよいこと

種類
V. opulus 'Roseum'、
セイヨウカンボク；
V. tinus、トキワガマズミ；
V. plicatum 'Mariesii'、
ヤブデマリ；
V. burkwoodii、
ビバーナム・バークウッディ

なぜそれを育てるのか

庭に植える植物について検討するとき、花と色だけでなく高さと構造についても考えることが重要である。ビバーナムはどちらももたらすことができる植物だ。

どこに植えるか

成長し成木になるスペースがある場所ならほとんどどこに植えてもよい。空間を埋める植物であり、非整形の生垣として、あるいはボーダー花壇の後ろ側の注視点として使うことができる。ほとんどどんな種類の土壌でも、そして庭のどこででも育つ。

どのように世話するか

世話が非常に簡単だが、ビバーナムビートルという小さな甲虫が葉を食べて孔をあけ、見苦しくなることがあるので、注意しておかなければならない。成虫は小さくて灰色だが、被害の大部分をもたらす幼虫はクリームがかった黄色をしている。寄生された枝はすべて切り取って処分すること。壊滅的な被害に見えるかもしれないが、ふつうはそれで枯れることはない。

する

構造と高さが欲しいがてまをかけたくない庭で使う。

完全に乾かないように根元にたっぷりマルチをする。

切り花として使う——春の花と組み合わせると見事な展示になる。

しない

大きくなりすぎても強く切り戻すのをためらう——この植物は強剪定によく耐える。

狭い庭で育てる——定着し成木になるにはスペースが必要。

時間をかけすぎたり世話をしすぎたりする——ほったらかしでよく育つ。

これも試してみよう

01

02

03

01. *Viburnum tinus*
　　トキワガマズミ
　　光沢のある常緑の葉がこの植物を素晴
　　らしい万能の低木にしており、枯れる
　　ことはまずないだろう。冬から春にか
　　けてずっと楽しめる白い花房というも
　　うひとつの長所もあり、てまをかけた
　　くない庭に理想的。

02. *Viburnum burkwoodii*
　　ビバーナム・バークウッディ
　　春の中頃に、比較的小さな花房がかた
　　まって生じる。香りのよい花というも
　　うひとつの強みもあり、庭の比較的日
　　陰の部分で素晴らしい働きをする。

03. *Viburnum plicatum* 'Mariesii'
　　ヤブデマリ
　　５月から６月にかけて白い装飾花の房
　　で飾られる、比較的派手なビバーナ
　　ムで、階段状に成長し、ウェディング
　　ケーキのような効果を生む。

5
つの
つる性植物

枯らさず楽しめる

アケビ

アケビは、庭に春の趣をそえるのにとてもよい選択だ。生育旺盛で活発によじ登るつる性植物で、塀や棚を用意してやればすぐにその上に広がる。3月から5月にかけて見事な濃い紫色の花が咲き、ちょっと変わったスパイシーな香りがして、ほかの植物と区別できる。まちがいなくとても目を引く育てがいのあるつる性植物だ。

Akebia quinata
アケビ
▼

知っておくべきこと

—

大きさ
12メートルまで（だからといって
敬遠しないで──管理は簡単だ）

—

光
日なた～半日陰

—

土壌の種類
砂、粘土、白亜、または壌土

—

水分
湿っているが水はけがよいこと

—

種類
A. quinata、アケビ；
A. 'Cream Form'；
A. trifoliata、ミツバアケビ；
A. 'Shirobana'

なぜそれを育てるのか

　エキゾティックでむずかしそうに見えるが、実際にはいったん軌道にのればアケビは非常に育てやすい植物だ。多くの場合、場所や土壌の種類にこだわらず、おもに関心があるのは華やかな姿を見せつけることだ。気品がにじみ出るようなつる性植物をさがしているのなら、クリーム色のものもある。庭にあっても見事だが、切り花として使えるので、その独特の香りを家の中にもたらすことができる。

どこに植えるか

　日あたりのよいところにある棚、構造物、塀のそばで育てる。用意してやればほとんどどんな構造物も、たちまち独特の形をした紫色の花でおおわれる。根が好きなだけ探って広がることのできる深い肥沃な土壌に植える。

どのように世話するか

　Akebia（アケビ属）の植物は、放っておくと最後にはたいへん大きくなるので、開花が終わったらすぐに刈り込んで適当な大きさにしたほうがよい。そうすれば世界征服を防ぐことができる！　とくに生育期間中は十分に水やりをして、春の間に汎用的な緩効性肥料をあたえる。

する

花を摘み、それを使って室内によい香りをもたらす。
開花期が終わったら剪定して、成長を制限する。
近くで2種類栽培して授粉を促進し、できた果実を楽しむ。

しない

コンテナで育てる──この植物は根を乱されるのを嫌う。
東向きの壁ぎわに植える──早朝、霜の降りた葉に日光があたって被害をもたらすかもしれない。
害虫や病気の心配をする──ふつう、病害虫はアケビ属の植物に興味を示さない。

これも試してみよう

01

01. *Akebia* 'Cream Form'
    アケビの花はふつうはチョコレート色
    だが、これは明るいクリーム色をして
    いる。成長の仕方はよく似ていて、春
    にブロンズ色がかった葉を出す。日あ
    たりがよいところでも半日陰でもよく
    生育する。

02. *Akebia trifoliata*
    ミツバアケビ
    日本原産で、めずらしくて手に入れる
    のが比較的むずかしい。春にチョコ
    レート色からピンク色の花が咲き、そ
    の後、秋に濃い青色の実がなるが、そ
    ばで *A. quinata*（アケビ）を栽培して
    いるときしか実はならない。

03. *Akebia* 'Shirobana'
    もうひとつの白花のアケビ属で、春の
    数か月の間、繊細な白い花を大量に咲
    かせ、一風変わったスパイシーな香りが
    する。手に入れるのが少しむずかしい
    かもしれないが、なんとかして見つけら
    れたら待ったかいがあるというものだ。

02

03

クレマチス

コテージガーデンを象徴するクレマチス、つまり*Clematis*（センニンソウ属）の植物なら、確実に展示することができる。一年のどの月でも、その月に花を咲かせるクレマチスを見つけることが可能なのだ。繊細そうな花で飾られたクレマチスは息をのむほど美しい。驚くほど回復力があって育てやすい植物であり、見苦しい壁をおおうため、あるいはボーダー花壇に高さをくわえるのにうってつけだ。

Clematis armandii
'Apple Blossom'
クレマチス・アーマンディ
▼

知っておくべきこと

—

大きさ
高さ8メートルまで

—

光
日なた

—

土壌の種類
砂、粘土、白亜、または壌土

—

水分
湿っているが水はけがよいこと

—

種類
C. armandii 'Apple Blossom'、
クレマチス・アーマンディ；
C. alpina、
クレマチス・アルピナ；
C. 'Bill MacKenzie'；
C. 'Polish Spirit'

なぜそれを育てるのか

　一年のどの月についても楽しめるクレマチスがひとつはあり、このため庭にクレマチスを植えないことの言い訳はできない。常緑のものは見苦しい壁を隠すためのすぐれた解決策になり、白から濃い紫までさまざまな色のエレガントな花がたくさん咲くので、どんな庭にも歓迎される植物である。

どこに植えるか

　玄関口に植えておけば、帰宅したとき、果樹の花のようなたくさんの花と信じられないほど素晴らしい香りで迎えられることになる。理想をいえば南向きの壁の日あたりのよいところを見つけてやると定着しさかんに成長するが、ある程度の日陰でも耐えることができる。できれば地植えにしたほうがよく育つ。

どのように世話するか

　'Apple Blossom' のような品種は定期的に剪定する必要がないので、心配事がひとつ少なくてすむ。しかし、使えるスペースに対して大きくなりすぎるようなら、開花期の直後に切り戻してもよい。つねに十分に水をやり、春の間、マルチして一般的な配合の緩効性肥料を与えると健康なよい状態に保つ助けになる。

する

早春に株元にたっぷりマルチをする。

最高の結果をえるため日あたりのよい場所で育てる。

早春に一般的な緩効性肥料をやる。

しない

大きくなりすぎていないのに剪定について心配する。

食べる——すべての部分が有毒だ。

吹きさらしの場所に植える——風がさえぎられた日あたりのよいところのほうがずっといい。

これも試してみよう

01

02

03

01. *Clematis alpina*
    クレマチス・アルピナ
    成長すると3メートルになるが、管理
    できる。4～5月の間、小刻みに揺れ
    るソフトパープルの小さな花が何百個
    もつく。北向きか東向きの庭にぴった
    りだ。

02. *Clematis* 'Bill MacKenzie'
    夏中ずっと明るくはつらつとした黄色
    の花におおわれ、その後、繊細なシー
    ドヘッドが冬になってもしばらくもつ。

03. *Clematis* 'Polish Spirit'
    夏中、大きなベルベットパープルの花
    が次々と咲くので、庭で確実に楽しめ
    る大好きな植物である。

HEDERA

キヅタ

長年にわたり、キヅタは庭の悪党だといわれてきた。しかし、このイングリッシュガーデンに不可欠な植物を早々に考慮の対象からはずしてはいけない。ほとんどどんな場所でも耐え、緑をくわえて殺伐とした雰囲気をやわらげるのに役立つだけでなく、野生生物、鳥、ミツバチ、花粉媒介者を庭に呼びよせる素晴らしい植物だ。

Hedera helix
'Glacier'
セイヨウキヅタ
▶

知っておくべきこと
—

大きさ
2.5メートルまで
—

光
日なた〜半日陰
—

土壌の種類
粘土、砂、白亜、または壌土
—

水分
湿っているが水はけがよいこと
—

なぜそれを育てるのか
成長の速い青々と生い茂る緑の葉と、多くの花粉媒介者と野生生物を庭に引きよせるすぐれた能力が理由で、キヅタは選ばれる。ミツバチから鳥まで動物や昆虫がその中に隠れてさかんに育つ、他に類のない天国をキヅタは作り出す。

どこに植えるか
わずかにアルカリ性の肥沃な土壌でもっともよく生育するが、自由に成長できるスペースがあるかぎり、ほとんどどこでも繁茂し成長する。庭が狭いなら、同じような効果を出せる比較的小型の匍匐性のキヅタもある。

どのように世話するか
手に負えなくなるのを防ぐには、くりかえし刈り込めばよい。これは、もっとも印象的なみずみずしい新芽をたくさん出させることにもつながる。鳥に被害をあたえないため、営巣の時期（2〜8月）には剪定をしないようにする。夏の間はかならず十分な量の水と、葉を青々と茂った状態に保つ窒素濃度の高い肥料をあたえる。

する

くりかえし刈り込んで成長を制限し、暴れるのを防ぐ。

とくに夏の間はかならず水を十分にあたえる。

この植物を使って野生生物や花粉媒介者を庭に引きよせる。

しない

鳥が営巣する時期（2〜8月）に剪定する――じゃましてはいけない巣でいっぱいになっているかもしれない。
スペースがかぎられたところに植える――多くのキヅタは、広がるスペースのある比較的広い庭に適している。
食べる――この植物のあらゆる部分が有毒で、皮膚にアレルギー症状が出るかもしれない。

これも試してみよう

—

Hedera colchica 'Sulphur Heart'
コルシカキヅタ
高さ5メートルに達し、広いス
ペースが必要。

—

Hedera helix 'Midas Touch'
セイヨウキヅタ
成長すると1メートルになり、赤
い茎に鮮やかな黄色の葉をつける
このキヅタは、どんな庭も明るく
するだろう。

スイカズラ

Lonicera（スイカズラ属）の植物は、きっとあなたも育てることのできる、甘い香りのする代表的なつる性植物で、どんな庭に植えても素晴らしい。また、縦方向をどうしたらいいか困っているときにたいてい完璧な解決策になる。成長が速いため、すぐに効果が出るものや最小の努力で強い印象をあたえられるものをさがしている気の短いガーデナーにうってつけだ。

Lonicera periclymenum 'Graham Thomas' ハニーサックル
▼

知っておくべきこと

———

大きさ
8メートルまで
———

光
日なた〜半日陰
———

土壌の種類
粘土、砂、白亜、または壌土
———

水分
湿っているが水はけがよいこと
———

種類

L. periclymenum 'Graham Thomas'、
ハニーサックル；

L. japonica 'Hall's Prolific'、
スイカズラ；

L. 'Mandarin'；

L. 'Gold Flame'

なぜそれを育てるのか

　スイカズラ属の植物は、美しくてよい香りがするだけでなく、花粉媒介者を庭に引きよせるという点でもすぐれている。春の終わりから真夏にかけていっせいに咲く筒状のカラフルな花が人々を魅了し、いうまでもないが信じられないほどよい香りが庭いっぱいに広がる。

どこに植えるか

　ほとんどどこで育てても、華やかな花を大量に咲かせる。土壌の種類、位置や方位にあまりうるさくないが、暗い日陰ではうまく生育しない。コテージガーデンの植栽スタイルによく合い、自由で型にはまらない感じが周囲の植栽をやわらげる。

どのように世話するか

　高さ8メートルにもなることがあるというと尻ごみする人もいるかもしれないが、簡単に管理でき、剪定してもっと小さく維持することもできる。葉や花が頂上付近に集中して下の方が裸になる傾向があるため、強く切り戻してみるといい。剪定によく反応し、春にマルチを追加し緩効性肥料をいくらかやれば、ずっと楽しませてくれるだろう。

する

翌年によく花が咲くように、開花期が終わったらすぐに刈り込む。

秋に挿し木をする——お金をかけずにふやす、簡単にすぐできる方法だ。

定着したら支えをする——いったん活動しはじめたら、見つけられるものなら何にでもからみつく。

しない

農薬を散布する—— 一部の野生生物に害を及ぼすかもしれない。

とくに花が咲く夏の間に完全に乾かしてしまう。

暗い日陰で育てる——花を咲かせ繁茂するにはある程度日光が必要。

これも試してみよう

01

01. *Lonicera japonica* 'Hall's Prolific'
スイカズラ
成長が速く、すぐに高さ4メートルに
達する。春から夏にかけて、大量の白
い筒状の花におおわれる。

02. *Lonicera* 'Mandarin'
活気に満ちたオレンジ色の花がきっと
どんなボーダー花壇も明るくし、葉も
春に出たばかりのときは赤味をおびて
いる。残念ながら、この品種は香りが
しない。

03. *Lonicera* 'Gold Flame'
ちょっと目を引くピンクとオレンジ色
の花を咲かせ、よい香りがする。夏の
間ずっと開花し、庭にいる資格のある
働き者だ。

02

03

テイカカズラ

Trachelospermum（テイカカズラ属）は、昔から大好きなつる性植物だ。光沢のある葉、よい香りのする花、秋の紅葉で一年中楽しめる、日当たりのよい中庭にうってつけのつる性植物である。夏、その神々しい白色の星形の花を見たら、だれでもその場に立ちつくしてしまうだろう。

Trachelospermum jasminoides
トウキョウチクトウ
▼

知っておくべきこと

大きさ
高さ4〜8メートル

光
日なた

土壌の種類
壌土、白亜、または砂

水分
水はけがよいこと

種類
T. jasminoides、
トウキョウチクトウ；

T. asiaticum、テイカカズラ；

T. jasminoides 'Wilsonii'、
スタージャスミン；

T. jasminoides 'Variegatum'、
斑入りトウキョウチクトウ

なぜそれを育てるのか

育てやすいが花が咲くと壮観なこのつる性植物があれば、庭は近所のみんなの羨望の的になるだろう。見苦しい柵や壁をおおうための理想的な解決策でもある。何があっても勢いよく成長するうえ、常緑なので一年中スーパースターだ。

どこに植えるか

庭の中でも日あたりがよく風がさえぎられた、成長して成熟するためのスペースが十分にあるところを見つける。排水性のよい土壌でよく生育するため、冬の間、水がたまらないように気をつける。一年を通して肥料をやりつづけるかぎり、大きめのコンテナでもうまく育つ。

どのように世話するか

年間を通して汎用的な肥料をあたえる。そうすることで開花をうながし、青々とした健康な状態に維持することができる。開花期が終わったら刈り込んで、手に負えなくなって目ざわりになることのないようにする。放っておくと高さ8メートルにもなることがあるが、毎年剪定すれば、庭にとって理想的なサイズにうまく保つことができる。コンテナで栽培しているときは、夏の間、水やりに特別注意をはらって、完全に乾くことのないようにする。

する

柵や構造物にはわせて、庭のパッとしない部分を明るくする。

日当たりのよい壁にはわせて花の力を最大限発揮させ、冬の間はずっと何かで保護する。

植えるときに摘芯して、上方だけでなく横へも伸びるよううながす。

しない

切り戻すのをためらう——新芽を出させてたくさん花を咲かせるため、くりかえし切り戻す。

ぬれた土や保水力のある土で育てる——排水性のよい土壌で育てることが重要。

吹きさらしの場所で育てる——冷たく有害な風から守ってやる必要がある。

これも試してみよう

01

01. *Trachelospermum asiaticum*
テイカカズラ
イギリスでよく栽培されているトウキョウチクトウによく似た、香りのよい白い星形の花が、晩春から初夏にかけて、青々と茂る光沢のある濃い色の葉を背景に大量に咲く［写真は斑入り品種 'ハツユキカズラ' と思われる］。

02. *Trachelospermum jasminoides* 'Wilsonii'
スタージャスミン
クリームがかった白い花が、かすかにブロンズ色をおびた濃緑色の葉を背景に咲く。秋には葉がしだいに美しいくっきりした赤い色に変わる。見つけるのが比較的むずかしいが、それでも育てるととてもよい。

03. *Trachelospermum jasminoides* 'Variegatum'
斑入りトウキョウチクトウ
斑入りの植物は、植物界のマーマイト［独特の味がするペーストで、人によって好き嫌いが分かれる］である。個人的には、霜が降りたような葉縁が葉に個性をあたえ、はっとするような白い花の完璧な背景になると思う。

10

の

一年生植物と球根植物

枯らさず楽しめる

アリウム

　管理や特別な愛情を必要としないのに、3週間もの間花が咲いて装飾的なシードヘッドを残すような、注目の的になる植物を育てようと思っているのなら、アリウムつまり観賞用に栽培される*Allium*（ネギ属）の球根植物がぴったりだ。大きな球状の花房が背の高いしっかりした茎の上につき、ほかの植物より上にもちあげられるので、花盛りの姿をずっと見ることができる。ミツバチが集まっているのをよく見かける、この蜜の豊富な多年草は、ボーダー花壇をいつも花粉媒介者でいっぱいにしてくれるだろう。

Allium 'Gladiator'
アリウム
▼

知っておくべきこと

大きさ
高さ1.2メートルまで

光
日なた

土壌の種類
砂か壌土

水分
湿っているが水はけがよいこと

種類
A. 'Gladiator'、アリウム；
A. 'Purple Sensation'；
A. 'Mont Blanc'；
A. amethystinum 'Red Mohican'、
アメジストアリウム

なぜそれを育てるのか

コンパクトにまとまった緑の蕾がはじけて星形の花が現れる。9月以降、大きな球根が広く入手できるが、球根1個につき花茎が1本しか出ないので、買うときはそれを考慮すること――「少ないほうが豊か」というけれど、多いほうがよい場合もある。

どこに植えるか

アリウムといえばコテージガーデンの植物だが、植えるとよい場所はいろいろある。ほかの植物の間で育てるのが一番よく、そうすれば株が衰え始める頃、枯れた葉を隠すことができる。日あたりと水はけのよい場所を見つける。花茎がほっそりしているので最小限のスペースしかいらない。そのため比較的小さな庭にも向いている。

どのように世話するか

秋に球根を植え、大雑把にいうと球根の径のおよそ4倍、ふつうは25センチぐらいの深さに植える。早春に球根がいっせいに目覚め、その後、花が咲きはじめる。すると、エネルギーが花にふりむけられて、葉がみすぼらしくなることがある。花の美しさをそこなわないように古い葉をとり除いても害はない。夏に、役目が終わった茎を切り戻す。

する

球根を十分に深く植えるようにする――深く植えることにより開花をうながす。

背の低い地被植物になり趣をそえてアリウムをおぎなうようなほかの多年草の間に植える。

群生させる――たくさんあるとよく見える。株と株の間隔を十分とること。

しない

花茎を切り戻す――花が終わったあとも骨格が何か月ももち、素晴らしい造形を見せてくれる。

水浸しの土壌に植える――うまく定着するには水はけがよくなければならない。

以前にタマネギを栽培したことのある土壌で育てる。

これも試してみよう

01

01. *Allium* 'Purple Sensation'
  5月中頃以降に濃い色の頭状花を確実につける素晴らしい万能のアリウム。成長しても高さがおよそ約40センチで、鉢やコンテナ栽培にとてもよい。

02. *Allium* 'Mont Blanc'
  晩春のボーダー花壇に気品をそえる、魅力的な純白のアリウム。ドライフラワーとして使ってもよく、紫のアリウムと組み合わせれば変化のある展示になる。

03. *Allium amethystinum* 'Red Mohican'
  アメジストアリウム
  注目されるのはまちがいないちょっと変わった品種で、定番のものにひねりがくわえられている。花は鮮やかな深紅色で、中心からちょっと変わったモヒカン風の房を見せびらかすように出している。アリウム界のパンクだ。

02

03

ヤグルマギク

　ヤグルマギクは私にとって個人的に非常に特別な植物で、子どものときに最初に育てた植物だ。いるのは培養土、ヨーグルトの容器、1袋の種子だけで、小さな種子が発芽して成長し花を咲かせるのを観察して、「実際に起こる魔法」に夢中になった。ヤグルマギクは本当に人生の純粋な喜びのひとつであり、地味でつつましいが、花もちがよく花瓶に活けても長く楽しめるため、切り花用花壇の強力な味方である。

Centaurea cyanus
ヤグルマギク
▼

知っておくべきこと

——

大きさ
高さ75センチまで

——

光
日なた

——

土壌の種類
砂か壌土

——

水分
水はけがよいこと

——

種類
C. cyanus、ヤグルマギク；
C. cyanus 'Black Ball'；
C. cyanus 'Red Boy'；
C. cyanus 'Blue Boy'

なぜそれを育てるのか

　種子から非常に簡単に楽しく育てることができ、夏の初めから終わりまで継続して開花する。花は小さく宝石のようで、世話も愛情も要求しない。それどころか、自分でかなりうまくやっていく。切り花として使われるだけでなく、ドライフラワーにもでき、クリスマスブーケにくわえれば、特別素敵なものになる。

どこに植えるか

　水はけがよく日あたりがよいことが成功の秘訣だ。たくさんかためて栽培するとサファイアブルーの花が素晴らしい光景を生み出すので、スペースがあったら、芝生や庭の一部を、ヤグルマギクが順応（定着）でき野生生物の天国になる自然の草原に変えることを検討してみるとよい。鉢植えにしても見事で、コテージガーデンにはなくてはならない植物だ。

どのように世話するか

　いったん発芽して成長し始めたら、ほんとうに最小限の管理しか必要ない。屋内で発芽させることもできるが、5月以降に野外に直まきしても、同じくらいうまくいく。土壌はレーキで大きな塊を砕いて細かな耕土にして、しっかり準備しておくこと。土壌表面に種子をばらまき、2～3週間しないうちに発芽するので気をつけて待つ。最初の1か月は、ナメクジやカタツムリの被害を警戒し、直まきした場合は競争相手になる雑草が芽を出していないか目を光らせる。

する

種子から育てる──すごく簡単でとても楽しい。

子どもたちと一緒に育てる──子どもたちは鮮やかな青い色の花が大好きだ。

夏の間ずっと連続して花が咲くよう、花がら摘みを続ける。

しない

日陰で育てる──日光を好むので、快適な暖かいところに植える。

愛情をそそぎすぎる──放っておいたほうが力強く成長し、やさしく世話しすぎないほうがよく定着する。

粘土質土壌で育てる──排水性の高い砂質土壌が理想的。

これも試してみよう

02

01. *Centaurea cyanus* 'Black Ball'
    深く濃い色だが完全な黒ではない素敵
    な深いバーガンディ色（ワインレッド
    より暗い紫がかった赤色）が劇的効果
    をもたらし、花が最初に現れてから長
    く濃い色を保つ。

02. *Centaurea cyanus* 'Red Boy'
    楽しげなピンクがかった赤色の品種で、
    育てている人に微笑みをもたらすのは
    まちがいない。ほかのヤグルマギクと
    同じくらい簡単に育つが、もっと明る
    く陽気な色をしている。

03. *Centaurea cyanus* 'Blue Boy'
    昔ながらのヤグルマギクはこんなだろ
    うと思うような外見をしており、コバ
    ルトブルーの花が長い茎につき、切り
    花として使うのにとてもよい。

03

コスモス

Cosmos（コスモス属）の植物は切り花用花壇のプリンセス、そしてコンテナのクイーンだ。6月から初霜が降りるまで次々と咲きつづける素晴らしい一年草である。急速に成長して大きな茂みになり、優雅さと上品な落ち着きを維持しながら、無数の花でたちまちボーダー花壇のすき間を埋めることができる。

Cosmos
bipinnatus
'Candy Stripe'
コスモス
（オオハルシャギク）

▼

大きさ
高さ1メートルまで

光
日なた

土壌の種類
砂、白亜、粘土、または壌土

水分
湿っているが水はけがよいこと

種類
C. bipinnatus 'Candy Stripe';
C. 'Purity';
C. 'Double Click Cranberries';
C. 'Rubenza'

なぜそれを育てるのか

　庭の小道に大波のように押しよせるコスモスの茂みがなければ、夏の庭は完全ではない。大小に関係なくどんな空間でも、コスモスは雰囲気をやわらげるのに最高の植物である。花が多いので花粉媒介者を引きよせるのにとてもよいし、家の中で使う切り花としても申し分ない。

どこに植えるか

　どんな土壌でもかまわないが、可能なら日なたのほうがよい。コンテナ栽培にも向いており、テラコッタの鉢に植えて中庭に置けばじつに豪華に見える。'Purity'（次ページ）のような比較的大きな品種は、成長し好きなだけ広がることのできるスペースがあるボーダー花壇の後ろの方に配置する。

どのように世話するか

　3〜4月に屋内で播種する。生分解性ポットにまけば、時期が来たらそのまま庭に植えることができ、根系を乱さなくてすむ。最後の霜がすんで暖かくなってから野外に植えるが、通例は5月の終わり以降になる。継続して開花させるため、夏の間ずっと花がら摘みをして肥料をあたえる。非常に大きくなることもあり、多くの場合、大雨で倒れないように古いカバノキの枝で支えるとよい。

する

有利なスタートが切れるように、3〜4月に覆いのあるところに播種する。

よく枝分かれしたコンパクトな株にするため、茎の先を摘む。

夏の間ずっと花を収穫しつづけ、しぼんだ頭状花を取り除いて、開花期を引き延ばし、いつまでもみずみずしく見えるようにする。

しない

日陰で育てる——この一年草は日なたでよく生育する。

夏の間に完全に乾かしてしまう——ストレスを受けて、病害虫の被害を受けやすくなるかもしれない。

早く移植しすぎる——まず暖かくなるのを待ち、植えつけ前の1週間、日中は外に出して（夜は屋内に戻し）徐々に屋外に慣らす。

これも試してみよう

01

01. *Cosmos 'Purity'*
大量に花を咲かせる品種で、花は純白で中心が濃い黄色。成長すると1.2メートルになり、植栽にくわえて強い色をやわらげ目立たなくするのに最適。

02. *Cosmos 'Double Click Cranberries'*
八重咲きのコスモスで、濃いクラレット（赤ワイン）色をした花弁が豪華なひだ飾りのような効果を生む。高さ1メートルになり、夏中、花でおおわれる。

03. *Cosmos 'Rubenza'*
あらゆるコスモスの中でもっとも濃い赤色の花を咲かせる品種。成長しても75センチで、もっとも小さなコスモスでもあり、そのため支柱を必要とせず、コンテナ栽培に最適。

02

03

ハナビシソウ

カリフォルニアポピーともよばれるハナビシソウは、みんなが知っていて大好きなコモンポピーつまりヒナゲシ（132ページ）と同じ科の遠く離れたところにいる友人だ［どちらもケシ科だが、まったく異なる属である］。5月から7月にかけて、その明るく元気のよい、うきうきするような花が花壇やコンテナの中で輝く。*Eshsholzia*（ハナビシソウ属）は、見て見て！　といっているような植物で、その姿を一生懸命見せびらかしてだれの顔にも笑みをもたらす。究極の「だれでも育てられる」植物で、春から夏にかけて子どもも大人もミツバチも楽しませてくれる。

Eshsholzia
californica
ハナビシソウ
▼

知っておくべきこと

―

大きさ
30 センチまで

―

光
日なた

―

土壌の種類
砂か壌土

―

水分
水はけがよいこと

―

種類
E. californica、
ハナビシソウ；
E. 'Ivory Castle'；
E. 'Orange King'；
E. 'Red Chief'

なぜそれを育てるのか

　わたしたちはみんな、生活の中で明るい色を必要としている。この育てやすい一年草は、気持ちを高揚させるまばゆいばかりの光景を作り出すので、夏のわくわく感をちりばめたいがてまをかけたくない庭になくてはならないものだ。シンプルだが印象的なカップ状の花が、細く裂いた青灰色の葉の上に咲く。非常にきびしい条件のところでもよく生育し、敷石の間にも種子を落として、庭のあちこちに広がる傾向がある。こんなに美しいのだから悪い習性ではない。

どこに植えるか

　天候の影響を受けやすい吹きさらしの場所にぴったりで、グラベルガーデンやドライガーデンが理想的である。排水がよく、水浸しになるおそれなしに容易に根をおろせるところを好む。草地に植えるのにたいへんよい植物で、8月に入ってもしばらく続く夏らしい活気でヤグルマギクをおぎなう。

どのように世話するか

　4月に野外に直まきする。屋内で芽を出させる必要はなく、よくかきならした地面にばらまくだけでよい。定着しはじめには十分に水をやるが、その後は放っておく。第1波の花がおとろえてきたら、しぼんだ花をとり除いて第2波の開花をうながす。

する

種子から育てる――簡単に芽を出す。

日照りの影響を受けるかもしれない場所に使う。

青い花のそばに植えて、元気が出る夏らしい組み合わせの植栽にする。

しない

日陰に植える――日なたで暑いときによく生育する。

土地を肥沃にしすぎる――定着して成長するには、やせた土壌が必要。

秋にシードヘッドをすべて切り取る――そのままにしておけば自分で種子を落として広がり、定着して翌年も花を咲かせる。

これも試してみよう

01

01. *Eshsholzia* 'Ivory Castle'
    きらびやかな姉妹たちと比べると、お
    ちついたやさしい色合いの品種である。
    愛らしい淡いクリーム色で、グラス類
    と合わせると素晴らしい効果を生む。

02. *Eshsholzia* 'Orange King'
    'オレンジキング' という名前から想像
    されるように、とても目立つ華やかな
    品種である。鮮やかなオレンジ色の花
    が磁石のように花粉媒介者を引きつけ、
    庭に喜びをもたらす。

03. *Eshsholzia* 'Red Chief'
    人の注意を引く方法を知っている、気
    品あふれる緋色の品種である。鉢やコ
    ンテナにくわえると鮮やかな赤が効果
    的で、切り花としても活躍する。

02

03

ヒマワリ

ヒマワリは暑い夏らしい天気の代名詞で、多くの人が切り花用ボーダー花壇を象徴する植物だと考えている。原産地はアメリカ大陸だが、この耐寒性のある一年草は、もっと涼しい気候のところでも同じようにうまく育つ。

Helianthus annuus
ヒマワリ
▼

知っておくべきこと

大きさ
高さ40センチ〜3メートル

光
日なた

土壌の種類
何でもよい

水分
水はけがよい

種類
H. annuus、ヒマワリ；

H. annuus 'Giant Yellow'；

H. annuus 'Waooh'；

H. annuus 'Ms Mars'

なぜそれを育てるのか

非常に育てやすい一年生植物で、1袋の種子以外お金をかけずに、夏の間ずっと続く明るくカラフルな光景を楽むことができる。よく知られているように、3メートルもの高さになり頭状花がディナープレートより大きい巨大な品種もある。しかし、試してみるとよいもっと小さな品種もたくさんあり、膝の高さくらいにしかならないものや、さまざまな色をしたもっと小さな頭状花をたくさんつけるものもある。葉に色のついたものもある。

どこに植えるか

サンフラワーという英名が示しているように日なたの植物で、暖かい日あたりのよい場所を好み、そこでは急速に成長することができる。汎用培養土を入れた大型のコンテナや鉢でも育てることができるが、普通は直接地面に植えて育てる。カンナ、ダリア、ユリのような色鮮やかな植物を植えた亜熱帯風のボーダー花壇の奥に植えると見ばえがする。また、野菜の間でもよく育つ。スイートコーン、カボチャ、ズッキーニの間に植えたり、エンドウやソラマメのようなつる性植物を背の高いヒマワリの茎にからませたりするとよい。

どのように世話するか

苗を育てる方法はふたつあり、どちらも種子から育てる。ひとつ目は4〜5月に9センチの鉢に種子を1個ずつまくやり方で、外に移植できる10センチくらいの高さになるまで日あたりのよい窓台に置いて、十分に水をやる。ふたつ目は、春に、30センチの間隔をあけて地面に直接播種するやり方である。成長している間は十分に水をやりつづける必要があり、比較的背の高い品種は支えをしてやらなければならない。

する

日なたで育て、背の高い品種はじょうぶな支柱で支える。

春に鉢または直接地面に播種する。

しない

シーズンの終わりに咲き終わった頭状花を切り落とす──鳥に残しておいてあげよう。

乾燥した時期にときどき水やりを忘れる。

これも試してみよう

01. *Helianthus annuus* 'Giant Yellow'
    ヒマワリを思い浮かべてみよう。それがまさにこの品種の姿だ。ヒマワリを象徴するような、ディナープレートほどの大きさの派手な頭状花が、「注目！」といっているようにボーダー花壇にそびえ立つ。

02. *Helianthus annuus* 'Waooh'
    バルコニーや中庭にうってつけの比較的小さなヒマワリで、鮮やかな金色の頭状花をいくつもつけ、夏の間ずっと、そして9月に入っても咲きつづける。

03. *Helianthus annuus* 'Ms Mars'
    濃いルビーレッドの花が自慢のちょっとめずらしいヒマワリで、注目を集めるのはまちがいない。比較的小型なので、スペースがあまりない人やコンテナで育てたい人にぴったりだ。

01

02

03

スイセン

　春の庭を象徴するスイセンは、ガーデニングの腕前に関係なくだれもが知っていて大好きな植物だ。冷たい地面からラッパ形の花がいそいそと現れると、それは冬が終わりに近づいていることの確かな証拠だ。見せ場は何週間も続き、2月から5月の初めまでずっと、さまざまな色、形、大きさ、テクスチュアが趣をそえる。確実に安定して美しい花を咲かせるこの球根植物については、愛すべきところがとてもたくさんある。

Narcissus
スイセン
▼

知っておくべきこと

大きさ
さまざま（大半は高さ50センチまで）

光
日なた〜木もれ日のあたる日陰

土壌の種類
砂、白亜、粘土、または壌土

水分
湿っているが水はけがよいこと

種類
Narcissus、スイセン；
N. 'Rip van Winkle'；
N. 'Tête-à-tête'；
N. 'Thalia'

なぜそれを育てるのか

8月の終わりから、どこの園芸用品店や種苗店でも安価な球根がたやすく手に入る。庭が広くても狭くてもそんなことに関係なく、あなたも頑張って、みんなに幸せと笑顔をもたらすこの春の宝石を育ててみるといい。

どこに植えるか

たいていの条件に耐えるが、水分の多すぎる土壌は好まない。ある程度の水分を保持することのできる排水性のよい良質の土壌が理想的だ。土手、斜面、草原、ボーダー花壇、コンテナはいずれもたいへんよい候補である。基本的にどこに植えてもよいが、かならずどこかに植えること。

どのように世話するか

9月か10月に球根をそれ自体のおよそ2.5倍の深さに植える。確実に何年も続けて咲かせるために重要なのは、球根に栄養をあたえて消耗させないようにすることだ。そのためには、開花期が終わったあと、完全に枯れこむまで葉をそのままにしておく。2〜3週間見苦しいかもしれないが、翌年も花を楽しむためにはそうする価値が十分にある。葉が出はじめたら花が現れる前にたっぷり肥料を与えるのも効果がある。海藻肥料を希釈したものが理想的だ。

する

切り花として使う──家に持ち帰るか友だちに分けてあげよう。

鉢で育てる──コンテナでも非常によく生育し、狭いスペースに最適。

芝生を明るくするのに使う──スイセンがしおれてからしなければならないので芝刈りが少なくてすむだけでなく、春の数か月間ずっと美しい光景が見られて、きちんと刈られた芝生よりもずっといい（個人的な意見だが）。

しない

開花が終わったあと葉を刈り込む──葉が枯れるままにして、翌年のため、重要な栄養素を球根に戻す。

球根を掘り上げる──毎年、地下に残しておけばよい。

食べる──スイセンは有毒なので食べてはいけない。

これも試してみよう

01. *Narcissus* 'Rip van Winkle'
独特のダリア型の花が咲く、めずらしいちょっと奇抜なスイセンだが、それでも育てやすい。開花期が少し早めで、2月から3月にかけて咲く。

02. *Narcissus* 'Tête-à-tête'
15センチにしかならない、小さな楽しいスイセンで、比較的狭いスペースで育てるのにとてもよい。コンテナで育てると最高で、3～4月に黄色のしぶきを散らしたようになる。

03. *Narcissus* 'Thalia'
3～4月に純白のラッパ形の花がたくさん咲き、いろいろなスイセンを混植した植栽に気品をそえる。40センチになる少し大きめの、どうすれば美しく見えるか知っている品種だ。

03

ニゲラ（クロタネソウ）

じつに気品のある繊細な一年草で、夏の間中、スカイブルーの花がたくさん咲いて雲のようになる。love-in-a-mist（霧の中の愛）という英名にふさわしく、この育てやすい植物は軽いふんわりとした葉の上に星のような花を何百も咲かせ、花が浮いて漂っているような錯覚をおこさせる。もっとも育てやすい一年草といえるかもしれない、切り花用花壇にはなくてはならない植物だ。

Nigella
damascena
クロタネソウ
▼

知っておくべきこと

―

大きさ
高さ50センチまでだが、茂みになる

―

光
日なた

―

土壌の種類
砂、白亜、または壌土

―

水分
水はけがよいこと

―

種類
N. damascena、クロタネソウ；
N. damascena 'Miss Jekyll'；
N. damascena 'Double White'；
N. damascena 'Deep Blue'

なぜそれを育てるのか

花は清楚でロマンティックでかわいくて、庭に植えても花瓶に活けても素晴らしい。確実に育ってめったに栽培上の問題がおきないため、花壇になにかかさのあるものがほしいがてまをかけたくない庭にぴったりだ。

どこに植えるか

このすぐに成長する一年草は快適な開けた日あたりのよい場所が大好きで、そういうところなら広がってボーダー花壇のすき間を埋めることができる。うまく定着して、この植物が見せたがっているまばゆいばかりの光景を生み出すには、水はけがよく開けた場所であることが重要だ。非常に大きくなることもある植物だが、日あたりのよいところなら大きな鉢やコンテナでもよく生育する。

どのように世話するか

最初さえうまくやれば、育て方は単純で簡単だ。最良の結果をえるには、よくかきならした苗床に直接播種する。芽が出たら十分に水をやり、成長したら大雨で倒れないようにカバノキの枝で支えることを検討する。花が終わったら、そのまま種子をつくらせる。球形のシードヘッドも花自体とほとんど同じくらい印象的である。

する

切り花を逆さにつるして乾燥させる――冬の飾りにくわえるととてもよい。

開花している間、花を収穫しつづけて、継続的な開花をうながす。

最良の結果をえるために日なたの肥沃な場所で育てる。

しない

日陰で育てる――この植物は日なたが大好きだ。

花がら摘みをする――シードヘッドも花自体とほとんど同じくらい趣がある。

屋内で播種する――育てたいところに直接まくほうがよく発芽する。

これも試してみよう

01

01. *Nigella damascena* 'Miss Jekyll'
もっともよく栽培されているニゲラの品種で、ソフトグリーンの細い葉の間にクリスタルブルーの花が大量に咲く。花粉媒介者にとって素晴らしい植物で、切り花にしてもよいし、コスモス（112ページ）の比較的背の低い品種のそばに植えてもよい。

02. *Nigella damascena* 'Double White'
くっきりした純白の品種で、花に波打った感じがある。切り花用花壇に植えるのによく、もっと濃い色とコントラストを生む配置にすると素晴らしい。

03. *Nigella damascena* 'Deep Blue'
花は紫に近い藍色で、高さ60センチになり、素晴らしい切り花になる。ミツバチも大好きだ。'Miss Jekyll' にとてもよく似ているが、色がもっと濃い。

02

03

ケシ

　平和と戦没者追悼の象徴であるこの赤い花は、第1次世界大戦の戦場との関連で世界に広く知られている。砲撃で土壌がかきみだされたため、休眠していたケシの種子が発芽し成長したのである。*Papaver*（ケシ属）は大きな植物グループで、小さく可憐な花から、強烈な印象を与える大きく派手な花まで、さまざまなものがある。*Papaver rhoeas*（ヒナゲシ）はだれでも知っている代表的なケシである。

Papaver rhoeas
ヒナゲシ
▼

知っておくべきこと

—

大きさ
高さ75センチまで

—

光
日なた

—

土壌の種類
砂、白亜、または壌土

—

水分
水はけがよいこと

—

種類
P. rhoeas、ヒナゲシ；

P. somniferum 'Lauren's Grape'、
ケシ；

P. commutatum 'Ladybird'、
モンツキヒナゲシ；

P. cambricum、
ウェルシュポピー

なぜそれを育てるのか

　非常に清楚で素朴なヒナゲシは、育てやすく、とてもやせた土壌でよく生育する。鮮やかな赤色の花が5〜7月、播種時期によっては8〜9月に咲く。花は、黒い中心部から扇状に広がる基本的に4枚の花弁で構成されている。夕陽に照らされると、半透明の花弁が輝き、目を見張るような光景になる。

どこに植えるか

　日あたりがよく排水もよい場所を見つける。ケシ類は開けた土地で日光を浴びるのを好み、農家の畑に生えているのを見かけることも多い。その場所に満足しているときは簡単に種子を落として自然に広がり、あなたに代わって重労働をしてくれる。グラス類と混植すると、自然だが洗練された組み合わせになる。

どのように世話するか

　発芽してしまえば、あとは簡単だ。土壌表面に薄く種子をまき、軽くかきならす。じつはケシ類は根を下ろせるやせた土を好むので、土壌に堆肥を入れないことが重要だ。土をレーキでかくと、土壌をかきみだして種子の発芽をうながす効果がある。芽が出たら十分に水をやり、あとはそのままにして魔法がおこるのを待てばいい。花がら摘みを続けて、継続的な開花をうながす。

する

かきならしたり掘ったりして土壌をかきみだして発芽を促進する。

土壌表面に播種して十分に水をやる。

こぼれ種でふえて広がるので、そのままにして庭の空いたところに定着させる。

しない

ヒナゲシの種子を食べる──食べられる「ケシの実」ではない。

屋内で播種する──地面に直まきして放っておくほうが、よい結果をえられる。

水をやりすぎる──定着するのを助けるためにいくらか水をやる必要があるが、水分が多すぎると腐りはじめるかもしれない。

これも試してみよう

01. *Papaver somniferum 'Lauren's Grape'*
ケシ
鮮やかなプラム色の品種で、高さ1
メートルになり、ヒナゲシよりかなり
大きい。花もずっと大きく、よい切り
花になる。

02. *Papaver commutatum 'Ladybird'*
モンツキヒナゲシ
楽しくてしゃれた、ちょっと変わった
植物で、子どもたちをガーデニングに
誘うのにとてもよい。赤い花弁に黒い
水玉模様がひとつずつ入っているため、
花がレディーバードつまりテントウム
シに似ている。

03. *Papaver cambricum*
ウェルシュポピー
黄色い花が咲く、明るくてはつらつ
とした一年草。高さ30センチになり、
コンパクトで、日あたりのよい車道に
そってこぼれ種でうまくふえる。

02

03

チューリップ

チューリップは、どうやったら美しく見えるか知っている、素晴らしい春咲きの球根植物である。あるだろうと思うような色はすべてあり、自分の庭に植えるひとつ（あるいは10）のチューリップと恋に落ちないでいるのはむずかしい。密集させて育てれば、春の色でこれに勝てるものはない。その証拠に、1600年代の初め、チューリップは非常に価値があって、オランダで一種の通貨になったほどである。絶頂期には、球根1個を広大な地所と交換することができたという。もちろん今では、おいしいコーヒーと同じくらいの値段でチューリップの球根を1袋手に入れることができる。

Tulipa
'Spring Green'
チューリップ
▼

大きさ
高さ40センチまで

光
日なた

土壌の種類
砂、白亜、または壌土

水分
水はけがよいこと

種類
T. 'Spring Green'；

T. 'Rococo'；

T. 'Queen of the Night'；

T. 'Negrita'

なぜそれを育てるのか

　チューリップは庭になくてはならない植物である。春が来たことを示す確かな証拠であり、広くても狭くても庭を簡単に明るくできる。やわらかなやさしい色合いから強烈で鮮やかな目立つ色まで、さまざまな色がある。バルコニーに置くコンテナにうってつけだが、広い田舎風の庭に植えても同じくらい見ごたえがある。

どこに植えるか

　究極のコンテナ栽培植物で、開花したチューリップでいっぱいの、色彩と品格がふちまであふれた鉢で迎えられるのは最高だ。しかし地植えでも、風がさえぎられた日あたりのよいところで排水がよければ、同じようによく育つ。

どのように世話するか

　球根は通例、寒くなり始める晩秋に植えるのが一番よい。1月になっても植えることができ、それでも素晴らしいできばえになる。チューリップは厳密にいえば多年草だが、花を咲かせるのに非常に多くのエネルギーをつぎこむ必要があるため、多くの場合、2年目の復活はない。葉が枯れたら球根を掘り上げて貯蔵し、秋にそれを植えなおせばよいが、私の考えでは、毎年秋に追加の球根を補充していくほうが簡単だ。

する

秋の終わりに球根を植える――寒いと褐色斑点病（葉が焼けたようになるカビによる病気）が発生しにくくなる。

しおれた花をとり除いて、種子をつくらせない。

球根の高さの3倍の深さに植える。

しない

低湿地や水分の多い土地に植える――球根が腐る原因になる。疑わしいときは、植えるときにグリット［イギリスで市販されている、土壌を改良するために加える硬い粒状物のことで、たとえば風化した花崗岩を砕いたもの］を少しくわえる。

球根を上下逆さに植える――ばかげて聞こえるが、つねにとがったほうを上にして植える。

完全に褐変する前に古い葉をとり除く――葉が枯れると栄養が球根にもどり、その球根で翌年にまた花が咲く可能性が高くなる。

これも試してみよう

01

01. *Tulipa* 'Rococo'
    背が低くコンパクトなチューリップで、ふち
    がフリル状になった赤い花で大半の品種と区
    別できる。個性的な品種で、ためらわずにそ
    のことを主張している。

02. *Tulipa* 'Queen of the Night'
    深い濃い色の神秘的なチューリップ。高さ
    60センチになり、ほかのもっと明るい色の
    チューリップの間に植えて際立たせると、と
    ても見ばえがする。

03. *Tulipa* 'Negrita'
    しゃれた濃い紫色のチューリップで、4月の
    間ずっと神々しいほど美しい口がすぼんだ
    カップ状の花を咲かせる。およそ50センチ
    の高さになる。

セリ科の植物

Umbelliferae（セリ科）の植物の場合、花が散形花序をなす。軸の上につく花房がアンブレラ（傘）のような独特の形をしていることから、アンベル（散形花序）とよばれる。はかなそうな外見にもかかわらず、やり方を知っていれば育てやすく、気持ちが落ち着く白い花は植栽に洗練された雰囲気をあたえる。ニンジンやシャクの仲間であるこれらのエレガントな植物は、野生生物がとても好む。

Orlaya grandiflora
ホワイトレース
フラワー
▼

知っておくべきこと

大きさ
高さ75センチまで

光
日なた

土壌の種類
砂、白亜、または壌土

水分
水はけがよいこと

種類
O. grandiflora、
ホワイトレースフラワー；
Ammi visnaga、
アンミ・ビスナガ；
Daucus carota 'Dara'、
ノラニンジン；
Anthriscus sylvestris 'Ravenswing'

なぜそれを育てるのか

　セリ科の植物は、気品あふれるロマンティックなレースのような花弁をもち、切り花用花壇にうってつけだ。乾燥に耐えるので、暑い夏に理想的である。細かく切れこみの入った葉が素晴らしい背景となって、花をいっそう際立たせる。

どこに植えるか

　日あたりがよければどこででも生育する。地中海地方原産で、暑いのが大好きだ。水浸しになったり水がたまったりするとすぐにしおれて枯れるので、そんなところで育てるのは避けるよう心がける。花を咲かせるほかの一年草の間に混植して、自分の庭にミニチュアの草原をつくって楽しむとよい。これは、自然に近い庭にして、ミツバチ、チョウ、ハナアブがいつくようにする、てまのかからない効果的な方法である。

どのように世話するか

　最初さえうまくやれば、あとは簡単だ。種子は3〜4月に屋内で育苗トレーにまくか、ちゃんと暖かくなってから（4月の終わり頃）直接地面にまく。霜が降りるおそれがなくなったら野外に植え、なにか良質の完熟堆肥でおおって暖かく保ち、最初は乾燥させないようにする。夏の間ずっと花がら摘みをすれば、次々とたくさん花を咲かせてくれるだろう。

する

シュッコンバーベナ（56ページ）と一緒にコンテナに植えて、夏の間ずっと楽しめるしゃれた寄せ植えにする。

種子から育てる——そのほうが安くつくし、友だちや家族に分ける植物がたくさん手に入る。

しぼんだ花を頻繁に摘んで、次々と開花するよううながす。

しない

秋に切り戻す——花房はそのままにして、こぼれ種でふえて翌年もひきつづき見られるようにする。

日陰で育てる——最高の力を発揮するには日なたでなければならない。

苗をあきらめる——発芽するのに1か月もかかることがある。

これも試してみよう

01

01. *Ammi visnaga*
    アンミ・ビスナガ
    細かく切れこみの入った繊細な葉と、比較的大きくて目立つ散形花をもつ、育てるのが楽しい植物だ。花は最初はみずみずしい緑色だが開くと純白で、花が開いてしおれるまでの間、緑と白が入りまじった落ち着いた配色になる。

02. *Daucus carota* 'Dara'
    ノラニンジン
    これはノラニンジンの特別な園芸品種で、プラム色をおびた散形花は大半の近縁の植物とまったく異なる。およそ90センチの高さになり、夏の間中、開花する。

03. *Anthriscus sylvestris* 'Ravenswing'
    見事な濃い色の葉が白い花と美しい対照をなす、魅力的な散形花序の植物だ。道端に生えているのを見かけることもある始末に困るシャクと近縁である。最良の結果をえるには種子から育てる。

02

03

10

の
果物と野菜

枯らさず楽しめる

ALLIUM CEPA
タマネギ

—

　台所と庭の必需品だがあまり目立たないタマネギは、あなたが育てたいと思うかもしれない野菜の中でもとりわけ育てやすい野菜のはずだ。候補となる品種がとてもたくさんあり、それぞれ刺激の強さと風味が異なる。このため、カレーに入れるスパイシーなものでも、サラダに入れる甘いものでも、好きなのを選べばよい。

Allium cepa
タマネギ
▼

知っておくべきこと

大きさ
葉は60センチに達することがあり、球根は、そう、あなた次第だ

光
日あたりがよいが風がさえぎられていること

土壌の種類
多量の有機物を入れて改良した砂質壌土

水分
湿っているが排水性がよいこと

種類
A. cepa、タマネギ；
A. cepa 'Red Baron'；
A. cepa 'Setton'；
A. cepa 'Golden Gourmet'、シャロット

なぜそれを育てるのか

タマネギは本当にすぐできる。春にセット球（赤ちゃんタマネギ）を植えて、初夏に収穫する。セット球は秋から冬にかけて簡単に手に入り、ほとんどお金をかけずにタマネギを何百個も生産できる素晴らしい方法である［日本では、8月末にセット球を植えつけて冬に収穫するのが一般的］。

どこに植えるか

日なたの、日光を浴びて暖かいところで、良質な肥えた土壌で栽培する。驚くほど大きなタマネギをつくるには、制限されずに成長できる地植えにする。しかし、もっと小さなタマネギをたくさん生産するには、鉢に密植する。葉がおよそ30センチの高さに達したら、間引いて薄皮を除くとミニチュアのスプリングオニオン［日本のワケギのような野菜］が手に入る。

どのように世話するか

春の間に、ちゃんと準備のできた地面に植えつける。セット球を土壌にやさしく押し込み、かろうじて首が地面からのぞくようにする。とくに芽を出し始める最初の数日は十分に水をやる。養分がたりなくなるかもしれないので、一般的な液肥を定期的にあたえる。雑草に気をつける必要がある。雑草が生えていると、発達中の球根との間に水や肥料をめぐって競争が起こり、小玉のタマネギしか収穫できないからである。葉が枯れこみはじめたら、そろそろ収穫してもよいということだ。そのまま2〜3週間地中に残して皮を硬化させると、保存がきくようになる。

する

植えたばかりのセット球を鳥に引き抜かれないように、網や柵で守る。

タマネギバエを混乱させて寄生させないようにするため、ミント（162ページ）のそばで育てる。

花穂が出たら取り除く——これは「とう立ち」と呼ばれ、エネルギーがよい球根をつくるためではなく種子をつくるために使われる原因となる。

しない

酸性土壌で育てる——中性の水はけのよい土壌のほうがよく生育する。

葉が枯れこんでから水や肥料をやる——これはもう収穫してもよいということだから、そのまま乾燥させる。

以前に黒腐菌核病やそのほかのカビによる病気が発生したところで育てる——たいていの病原菌が土壌中で休眠することができ、新しい作物が植えられると息を吹き返す。

これも試してみよう

01. *Allium cepa* 'Red Baron'
赤いタマネギで、見た目も味も素晴らしい。甘いのでサラダに入れるとよく、非常に貯蔵がきく。

02. *Allium cepa* 'Setton'
人気のある確実な品種で、風味豊かな、形の整った金色のタマネギができる。

03. *Allium cepa* 'Golden Gourmet'
シャロット
タマネギではないのはわたしも承知しているが、同じようにして育てて、違うものを楽しもう。この品種は、大半のタマネギより早い6月から収穫できる。ピクルスにしてもよい。

03

DAUCUS, RAPHANUS, BETA

すぐに簡単にできる根菜類

　根菜とは土の下で育つ野菜のことで、ニンジンからパースニップ、カブから
ビートの根まで、あらゆるものをふくむ。排水性の高い軽い土壌があれば、コン
テナでも地植えでもうまくいく。スペースのかぎられた庭にうってつけだ。

Raphanus sativus
ラディッシュ
▼

—

大きさ
作物によってさまざまだが、根菜なので魔法の大部分が地下でおこる

—

光
日なた

—

土壌の種類
砂または壌土、細かい土壌であることが重要

—

水分
水はけがよく、保水力があること

—

種類
Daucus carota 'Early Nantes'、
ニンジン；
Raphanus sativus 'Ping Pong'、
ラディッシュ；
Beta vulgaris 'Pabio'、
ビート

なぜそれを育てるのか

　若いうちに収穫される、すぐできる作物がじつはおいしくて栽培しやすいのに、なぜ成長しきった野菜を何か月も待つのか。おいしくて新鮮な甘い小ぶりの根菜をたった2〜3か月でたくさん手に入れることができる。必要なのは種子を何袋か買うお金だけだ。

どこに植えるか

　これらすぐに成長する根菜は小さいので、コンテナや鉢で育てるのにぴったりだ。家の中や庭のあちこちにある古い容器を再利用してみよう。容器に排水口がありさえすれば、それで育てることができる。

どのように世話するか

　地植えで栽培するなら、土壌がいい具合に細かくなるようにかきならし、2月下旬か3月上旬から播種を始める。浅くすじをつけて種子をまき、覆土して、たっぷり水をやる。成長する間、つねに十分に水をやり、芽が出たらこみあったところを間引きする。理想をいえば、苗と苗の間をおよそ5センチあける必要がある。収穫したら、最高の風味を味わうため、さっと洗ってすぐ食べる。

する

生育期の間ずっと継続して供給できるように、2〜3週間ごとに播種する。

鉢やコンテナで育てる——サイズが小さいので、庭のあちこちにある容器を再利用するのにちょうどいい。

ニンジンの周囲でタマネギを栽培すると、被害をもたらすおそれのあるキャロットフライ（ハネオレバエの一種）を寄せつけない効果がある。

しない

長く地中に残しておく——若くて小さい野菜のほうが甘くておいしいことが多い。

重い土壌で育てる——旺盛に成長するには軽くて排水性のよい土壌が必要。

とくにコンテナ栽培の場合に水やりを忘れる。

これも試してみよう

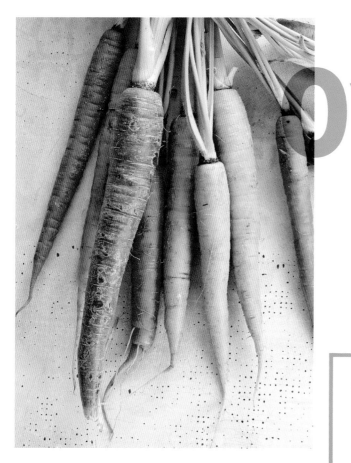

01. *Daucus carota* 'Early Nantes'
    ニンジン
    比較的早生のニンジンなので、2月から播種する。通例、6月の初めから収穫できる。明るい色をした小ぶりのシャキシャキした食感のニンジンで、生でスナックとして食べてもおいしい。

02. *Raphanus sativus* 'Ping Pong'
    ラディッシュ
    小さな玉に風味が詰まった、とても簡単に栽培できる野菜である。春から夏にかけて途切れなく供給するには、春の間ずっと少しずつ頻繁に種子をまく。

03. *Beta vulgaris* 'Pablo'
    ビート
    小ぶりで成長の速い素晴らしい早生のビート。サラダにしても焼いてもよい汁気が多くて味のよいビートの根をえるには、6月以降に収穫する。

02

03

イチゴ

イチゴは初夏の代名詞であり、庭で摘んだばかりのイチゴは人生最大の喜びといってもよいだろう。店で買ったものとは天と地ほどの差がある、独特の甘く爽やかな味は言葉では表せないほどで、自分で果物を育てることのきっと最高の宣伝になるだろう。何株かあれば、6月の間中、そして7月に入っても、継続的に収穫できる。

Fragaria × ananassa
イチゴ

▼

知っておくべきこと

—

大きさ
高さ30センチまで

—

光
日なた〜半日陰

—

土壌の種類
砂、粘土、白亜、または壌土

—

水分
湿っているが水はけがよいこと

—

種類
F. × ananassa 'Cambridge Favourite'；

F. × ananassa 'Symphony'；

F. × ananassa 'Honeoye'

なぜそれを育てるのか

　候補になるおびただしい数の品種があり、きっと大のお気に入りを見つけることができるだろう。春の間中、中心が黄色のシンプルな白い（ピンクの場合もある）デージーのような花を咲かせ、それはもうすぐ実がなることを知らせるうれしい前ぶれである。

どこに植えるか

　水はけのよい豊かな肥えた土壌を好む。適度に風がさえぎられた日あたりのよい場所をさがしてやれば、気前よく甘い果実というごほうびをくれる。地植えでしか育てられないと思いこまず、創造力を発揮しよう。ハンギングバスケットやコンテナで育てても楽しい。水切りボウルを再利用しても、ひとつしかないしゃれたプランターになる。

どのように世話するか

　開花と結実を継続させるには肥料がたくさん必要な、飢えた植物である。トマト用肥料なら栄養素を完璧なバランスでふくんでいるので、これが一番よい。結実しなくなったら、古い葉を株元まで切り戻して、エネルギーを節約できるようにする。イチゴは多年生の果菜であるが、ランナー、つまり新しい株をつくる細い側枝も出す。ランナーを母株から切り離して植えると、翌年、もっとたくさん果実を生産できる。

する

できるだけ多くの果実を生産するように、収穫期の間、毎日収穫する。

果実が形成されたら、土壌と接触して腐敗するのを防ぐため、果実の下にわらを敷く。

継続して結実するように、夏の間ずっと肥料をやりつづける。

しない

大切な作物に鳥が近づくのを放っておく――ネットでおおう。

花粉媒介者が花まで来れないような風の強いところで育てる。

霜が降りやすいところや、以前にトマトを育てたことのあるところに植える。

これも試してみよう

01

> **01.** *Fragaria × ananassa*
> '*Cambridge Favourite*'
> ごくふつうに栽培されている品種で、それにはもっともな理由がある。風味が詰まった大きなイチゴがたくさんなり、病気に対して抵抗力があり、そして確実にうまくいくため、とても人気があるのだ。
>
> **02.** *Fragaria × ananassa* '*Symphony*'
> もっと生育旺盛な品種で、6月から7月にかけて素晴らしい風味をもつ果汁たっぷりの赤い果実を大量に生産する。
>
> **03.** *Fragaria × ananassa* '*Honeoye*'
> 収穫量が多く、早く結実するため、商業的に栽培されることも多い品種である。果実はどちらかといえば小さいほうで、コンテナ栽培に向いている。

02

03

摘んでも伸びてくる葉菜類

命にかかわる一歩手前まで摘み取ることができ、摘んでもさらに青々と力強く回復し、お金のかからないおいしい食材を絶えずもたらしてくれる植物を思い浮かべてみよう。そう、まさにこの「摘んでも伸びてくる」サラダ用野菜がそれだ。最高に新鮮でおいしいサラダ用の葉菜類を年間を通して台所に補充するうまい方法で、急速に広まっている。

Lactuca sativa
レタス
▼

知っておくべきこと

大きさ
高さ20センチまで

光
日なた

土壌の種類
砂、粘土、白亜、または壌土（一般的な汎用培養土でもよい）

水分
湿っているが排水性がよいこと

種類
Lactuca sativa、レタス；
Eruca sativa、ルッコラ；
Brassica juncea 'Red Giant'、カラシナ；
Taraxacum officinalis、セイヨウタンポポ

なぜそれを育てるのか

　サラダ用の葉菜類を育てるのは、子どもたちを成長の不思議で夢中にさせるとてもよい方法だ。たった1袋の種子で、年間を通じて摘み菜を継続的に供給できると思ってよい。ひとつの株がエネルギーを失うまでにおよそ4回切り戻すことができるが、2週間ごとに次々と播種すれば、シャキシャキした葉が不足することは決してない。

どこに植えるか

　ほとんどどこでもよく、庭やコンテナに植えるのはもちろん、窓台に置いてもよい。場所についてうるさい要求はなく、これまで育てたことのある植物のうちで一番簡単ということになるかもしれない。スペースが十分にない場合は、袋培地を平らに置いて使おう。培養土を露出させて、その表面に直接種子をまく。簡単だ！

どのように世話するか

　室内の窓台で芽を出させるのなら、2月から播種を始めることができる。庭に直接まくときは、4月まで待つ。発芽したらこみあっている苗を間引くと、うどんこ病や苗立枯病の発生を防ぐ効果がある。つねに十分に水をやり、定期的に摘んで継続的に供給できるようにする。野外で地植えしている場合は、肥えたよい土壌にするために、追加の堆肥かよく熟成した厩肥を埋め込むと効果があるかもしれない。

する

必要なときに必要なだけ収穫する——そうすれば、もっとも新鮮でパリッとしたレタスが手に入る。

一番みずみずしい状態にある朝に葉を摘む。

年間を通して継続的に播種し、いつも一定量がすぐに手に入るようにしておく。

しない

土壌を乾かしてしまう——するとレタスがとう立ちし結実しだす（花序をつくる）ことがある。

深まきしすぎる——種子は非常に小さく、土壌表面にまいてその上に培養土を薄く振りかけるだけでよい。

株をまるごと収穫する。

これも試してみよう

01

01. *Eruca sativa*
ルッコラ
サラダやピザの味にアクセントを加え
るピリッとした辛味をもつルッコラは、
非常に育てやすい。新鮮な若葉が一番
おいしいので、かならず定期的に収穫
するようにする。

02. *Brassica juncea 'Red Giant'*
カラシナ
生で食べても炒め物にしてもおいしい
この品種は、パンチがきいた強い風味
をもつ葉菜で、シンプルで育てやすい
がとても強力だ。

03. *Taraxacum officinalis*
セイヨウタンポポ
おおかたの人にとって雑草かもしれな
いが、サラダにくわえるととてもよく、
ビタミン、ミネラル、植物化学物質を
豊富にふくんでいる。花も料理を華や
かにでき、いつもちゃんと収穫してい
れば、よけいなところに種子を落とさ
ずにすむ。

02

03

ミント

ミントは育てやすい多年草である。実際とても簡単に育ち、一匹狼というか、ルールに従うのが大きらいな庭の反逆者のようなところがある。わずかでもチャンスがあれば逃げ出してしまうが、容易に制御でき、生育旺盛で有用な多年草として利用できる。かつては数種類のミントしか料理などに利用されていなかったが、じつは個性的な素晴らしい園芸品種と風味が何十種類もあって、それらから選ぶことができる。

Mentha spicata
スペアミント
▼

知っておくべきこと

大きさ
高さ80センチまで

光
日なた～半日陰

土壌の種類
砂、粘土、白亜、または壌土

水分
湿っているが水はけがよいこと

種類
M. spicata、スペアミント；

Prostanthera cuneata、
アルパインミント；

M. × piperita f. *citrata* 'Chocolate'、
チョコレートミント；

M. requienii、コルシカミント

なぜそれを育てるのか

みんなミントが大好きだ。夏らしいピムスのカクテル、体が温まる冬のお茶、爽やかなアイスクリームと、どんな場面にもそれに合うミント味のレシピがある。庭では香り高い葉が青々と茂る小低木で、夏に薄紫の花穂を出し、おいしいうえに美しい。

どこに植えるか

日なたの、水を十分にあたえられるところで育てる。広がる習性があるので、鉢やコンテナで育てたほうがよく、バルコニーや中庭にうってつけだ。

どのように世話するか

地面で育てる場合も、広がりすぎないように鉢の中に植える。こうすると乾きやすいが、生えてほしくない場所から除草することを考えれば、多くの時間を節約できる。開花期が終わったら、株元まで強く切り戻して、2度目の出葉をうながす。完全に切り戻して冬を越させる。

する

鉢の中に植えて根を閉じこめ、よけいなところに広がるのを防ぐ。

開花期が終わったらすぐに切り戻して、新しい芽をどんどん出させる。

摘んだばかりの葉を使ってフレッシュミントティーをつくる――この味に勝てるものはない。

しない

はびこるままにする――制限しなければ、広がって占領するかもしれない。

完全に乾かしてしまう――とくに夏の間、とても水を欲しがることがある。

同じコンテナで異なるミントをいくつも育てる――それぞれの特有の味と香りが失われるかもしれない。

これも試してみよう

01

01. *Prostanthera cuneata*
アルパインミント
あまり知られていない植物だが、高さ
1メートルになる素晴らしい低木状の
多年生植物である。葉はやはり強いミ
ントの香りがするが、個々の葉はずっ
と小さくて繊細である。

02. *Mentha × piperita* f. *citrata* 'Chocolate'
チョコレートミント
チョコレートのような香りと味がする
濃緑色の葉をつける。ちょっとめずら
しいミントで、料理に使えるし、チョ
コレート中毒の人には最高だ。

03. *Mentha requienii*
コルシカミント
あらゆるミントの中でもっとも小さく
て繊細なコルシカミントは、日陰の
湿ったところでよく生育する。とても
小さな葉が柔らかな青々としたカー
ペットをつくり、つぶすと大量の香り
を放つ。

02

03

エンドウ

庭から採ってきたばかりのエンドウの味に匹敵するものはない。店で買えるものに比べたら驚くほどおいしいのだ。料理に使えば申し分なく、なおよいことに、採ってそのままスナックとして楽しむこともできる。

Pisum sativum
エンドウ
▼

知っておくべきこと

—

大きさ
品種によって異なるが、普通はおよそ1メートル

—

光
日なた

—

土壌の種類
砂、粘土、または壌土

—

水分
湿っているが水はけがよいこと

—

種類
P. sativum、エンドウ；
P. sativum 'Sugar Ann'；
P. sativum 'Shiraz'；
P. sativum 'Kelvedon Wonder'

なぜそれを育てるのか

たった1個の小さな種子から、おいしいエンドウ豆が何百個もできるだろう。ごほうびとしてこのおいしい真珠のような豆を大量にもらえるだけでなく、子どもたちをガーデニングに夢中にさせる一番の方法でもある。

どこに植えるか

直接地面に植えるかコンテナで育てるが、理想をいえば、良質の土壌があり水分を多く保持している日あたりのよいところで育てる。よいエンドウを育てるのに重要なのは、伸びて成長するためのスペースを十分に確保することだ。スペースを十分にあたえてやれば、たくさんごほうびをくれるだろう。

どのように世話するか

成長させるには、良質の堆肥や土壌が欠かせない。土壌を改良し保水力を高めるため、堆肥かよく熟成した厩肥をたくさん埋め込んでみよう。成長しはじめたら、からみついてよじ登れるように、かならず支柱——古い小枝が理想的——を立ててやること。つねに十分に水をやり、定期的に一般的な液肥を与える。

する

継続的にさやを収穫して、新鮮でおいしい豆を手に入れる——摘めば摘むほどたくさん手に入る。

茎の先を摘んでサラダに使う——摘芯すると枝分かれしてじょうぶに育つ。

シーズンも終わりに近い頃、さやをいくつか株に残しておく——乾燥させたら、翌年のための種子が手に入る。ただで！

しない

とくに開花しはじめの頃に完全に乾かしてしまう。

秋に根を掘り出す——エンドウは窒素をとらえて土壌にくわえるという驚くべき働きをしている。窒素はキャベツやレタスのような葉菜類にとって必要不可欠な栄養素である。

まいたばかりの種子をネズミに盗まれる——芽出しをしてから、雨どいを播種床代わりにしてまき、本葉が出てから定植するとよい。

01

02

01. *Pisum sativum* 'Sugar Ann'
    このスナップエンドウは比較的早くさ
    やをつける品種である。甘くてサクサ
    クした食感のさやを大量につけ、生で
    食べても炒め物に入れてもおいしい。

02. *Pisum sativum* 'Shiraz'
    じつに美しい鮮やかな紫色のサヤエン
    ドウ。6月以降、豪華なビロードのよ
    うなさやがつく。風味がもっともよい
    のは若いさやなので、それを摘みつづ
    ける。

03. *Pisum sativum* 'Kelvedon Wonder'
    確実でおいしい極早生つまり一番早く
    さやをつけはじめるエンドウ。生で食
    べても調理しても、さらには冷凍して
    もおいしく、一年中楽しめる。

03

ローズマリー

だれもが耳にするか料理に使うかしたことのある植物だが、台所での人気だけでなく、庭にとっても申し分のない用途の広い植物である。一年中、庭に趣をそえるシルバーグリーンから灰色の葉で楽しませてくれるこの植物は、じつに寒さに強い。比較的大きくなる低木のローズマリーから背の低い匍匐性の品種まで、広さに関係なくどんな庭にもそこに合うものがある。

Rosmarinus
officinalis
ローズマリー
▼

知っておくべきこと

大きさ
高さ50センチまでだが、幅1メートルまで広がることがある

光
日なた

土壌の種類
砂、白亜、または壌土

水分
水はけがよいこと

種類
R. officinalis、ローズマリー；
R. 'Prostratus Group'；
R. 'Sissinghurst Blue'；
R. 'Lady in White'

なぜそれを育てるのか

　大好きにならないわけがない。育てやすく、年間を通して趣をそえ、美しいスカイブルーの花を咲かせ、テクスチュアの点でも申し分なく、素晴らしい香りがするのはいうまでもない。ローズマリーは、人を楽しませるのを決してやめない究極の園芸植物だ。刈り込んでもよく耐えるので、背の低いトピアリーの代わりになるし、さらには夏咲きの多年草の間に配置して構造的要素として使うこともできる。

どこに植えるか

　庭でもっとも日あたりのよい場所、暖かい日差しをほんとうに浴びることのできるところで育てる。なんといっても原産地は地中海地方なのだ。ドライガーデンかグラベルガーデンなら完璧だろう。低木状のものだけでなく匍匐性の品種もあり、地被植物として栽培したりコンテナからたれ下がらせたりすると楽しいかもしれない。見た目がよいだけでなく、そばを通るときに軽く触れただけでも信じられないほどよい香りがする。

どのように世話するか

　乾燥して日あたりのよいところで育てているかぎり、あとは簡単だ。夏の間はつねに十分に水をやり、鉢植えは冬の間、風雨のあたらない場所へ移す。虹色に輝く甲虫がついているのを見つけたら、すぐに手でとり除いて殺すこと。さもないとその株はだめになってしまう。

する

葉を収穫しつづけて、それを料理に使う——ローズマリーは茂みから摘んですぐに料理にそえるのが一番よい。

とくに暑い夏の間は定期的に水をやる——ローズマリーは暑さの中でよく生育するが、からからに乾くのは好きではない。

鉢やコンテナで育てる——匍匐性のものは鉢から滝のようにたらすのに理想的。

しない

水浸しになるようなところで育てる——根がぬれているのを嫌う。

過度に強く切り戻す——そうではなく、料理に使うために少しずつ頻繁に切る。

非常に肥えた土地で育てる——比較的やせた土壌を好む。

これも試してみよう

01

01. *Rosmarinus* 'Prostratus Group'
ローズマリーの匍匐性品種で、素晴らしいコンテナ植物。ドアのすぐそばで育てると、毎日、信じられないほどよい香りと青い花を楽しむことができる。

02. *Rosmarinus* 'Sissinghurst Blue'
およそ1.5メートルの高さになる直立性のローズマリーで、かなり大きめの低木である。美しい青い花を咲かせる。

03. *Rosmarinus* 'Lady in White'
背の低い低木になるコンパクトなローズマリーで、春から夏にかけて淡い色だがちょっとめずらしい白い花を咲かせる。

ラズベリー

晴れた午後に楽しむ、庭から摘んできたばかりの一つかみのラズベリーがなかったら、夏はどんなだろう。とても育てやすい植物なのに、果実は保存がきかないので、どこのスーパーマーケットでも非常に高い値段で売られている。だから、お金をたくさん節約して市販の果実の倍の風味を楽しむために、自分で育てよう。

Rubus idaeus
ラズベリー
▼

知っておくべきこと

大きさ
高さ1.8メートルまで

光
日なた

土壌の種類
砂、粘土、または壌土

水分
湿っているが水はけがよいこと

種類

R. idaeus、ラズベリー；

R. idaeus 'All Gold'；

R. idaeus 'Polka'；

R. idaeus 'Ruby Beauty'

なぜそれを育てるのか

　ラズベリーはブラックベリーと同じようにとても育てやすく、そのような簡単な植物にしては驚くほどたくさんの果実を生産できる。ラズベリーは大きくふたつのグループに分けることができ、7月下旬から秋の終わりまでずっと摘むことができる。区別は簡単で、夏に結実するラズベリーは前年に発生した茎に実がなるのに対し、秋に結実するラズベリーは当年新たに発生した茎に実がなる。栽培するときの違いは、いつどのように剪定するかだけだ──単純！

どこに植えるか

　最良の結果を得るには、日あたりがよいが風がさえぎられた場所で育てる。ラズベリーの大多数の園芸品種は成長するとかなり大きくなり、1.8メートルもの高さになるものもある。このため、多くの場合、適当に保護してくれる柵や壁のそばで育てたほうがよい。もっと小型の品種は、バルコニーや中庭に置いた鉢やコンテナでもうまく育てることができる。

どのように世話するか

　夏と秋のどちらに結実するラズベリーを育てるか決めてしまえば、あとは簡単だ。夏に結実するものでは、結実が終わった茎を切り戻し、結実しなかった茎はそのまま残す。秋に結実するものの場合、さらに単純で、初冬にすべての茎を株元まで切り戻せばよい。生育期の間は十分に水分を保ち毎月肥料をやって、できるだけたくさん果実を生産できるようにする。早春にたっぷりマルチをすると効果があり、堆肥か十分に熟成した馬糞なら申し分ない。

する

秋から冬の間に裸根の（根のまわりに土がついてない）苗木を植える──そのほうが苗がよく反応するうえに安い。

植える前に、良質のよく腐熟した有機物を土中に埋め込む。

おいしい果実をひとつも見逃さないよう、継続的に収穫する。

しない

大きな品種をコンテナで育てる── 'Ruby Beauty'（177ページ）のような矮性品種を選ぶ。

とくに比較的暑いときに完全に乾かしてしまう。

白亜質または石灰質の土壌で育てる──重要な栄養素が欠乏するかもしれない。

01

02

01. *Rubus idaeus* 'All Gold'

ほかとはまったく違っていて、夏のフルーツサラダを面白くするのはまちがいない。コンパクトな品種で、金色の宝石のような果実は信じられないほど素晴らしい風味をもち、昔ながらの人気品種よりも好まれることが多い。

02. *Rubus idaeus* 'Polka'

昔ながらの秋季結実性品種で、1年に2度収穫できるため栽培されている。素晴らしい味の果実は日もちがよく、失敗なく育てられる植物だが、かなり大きくなることがある。

03. *Rubus idaeus* 'Ruby Beauty'

新しい小型の夏季結実性品種で、わずかなスペースしかなくても育てることができる。

03

ジャガイモ

ジャガイモは、あまり目立たないが数ある野菜の中でもとりわけ用途が広い野菜である。楽しく簡単に育てられる作物だ。候補となる品種が何百もあって、きっと気に入るものがひとつ（あるいはいくつも）見つかるだろう。楽しんで、簡単には店で買えないめずらしい品種を選ぼう。

Solanum
tuberosum
ジャガイモ

▼

知っておくべきこと

大きさ
茎葉は成長すると地面から約80セ
ンチの高さになる

光
日なた（霜が降りやすい場所は避け
る）

土壌の種類
砂質壌土

水分
排水性がよいが保水性もあること

種類
S. tuberosum、ジャガイモ；
S. tuberosum 'Pink Fir Apple'；
S. tuberosum 'Charlotte'；
S. tuberosum 'Purple Majesty'

なぜそれを育てるのか

　収穫したばかりの新ジャガイモを、庭で摘んできた数本のミント（162
ページ）の小枝と一緒に10分ほどゆでると、それだけで素敵な食事になる。
収穫したばかりの農産物はいつも、店で買えるものとは比べ物にならないほど
おいしいが、ジャガイモの場合も確かにそうだ。

どこに植えるか

　コンテナ栽培は、ジャガイモを育てる簡単でとてもよい方法だ。それどころ
か、専門家の多くが、栽培したらコンテナでのほうが豊作になると指摘してい
る。もちろん、収穫できるようになったらコンテナや鉢の中身を出せばいいだ
けで掘る必要がないという利点もある。ただし、かならず葉が成長するスペー
スを十分に確保すること。

どのように世話するか

　種芋にする塊茎はかならず評判のいい業者から買うこと。種芋がよいほど
豊作になる。ジャガイモを植えるときは、およそ12センチの深さに埋めるが、
葉が現れてきたら、土か堆肥をたして最上位の葉だけが見えるようにする。暖
かく湿潤な条件で発生するジャガイモ疫病に注意すること。

する

春の中頃から終わりに植えつけるために早
春に塊茎の「芽出し」をする——2〜3週間、
戸棚の上に置いておくと、小さな芽ができる。
これで、植えたときにいいスタートが切れる。

とくに倹約しようと思っているのなら、種芋
を半分に切って数をふやす。

出てくる茎を土壌か堆肥でおおって、霜の害
を防ぐ——「土寄せ」という。

しない

収穫できるようになってからあまりに長い間、
芋を地中に残しておく——先にナメクジが食
べてしまうかもしれない。

緑色の塊茎、あるいは地上の葉や果実を食べ
る——日光にさらされて緑色になった塊茎、
そしてトマトに似た果実は有毒。

完全に乾かしてしまう——塊茎の大きさは水
やりの直接的な結果である場合が多い。水が
少ないほど塊茎が小さくなる。

これも試してみよう

01.

01. Solanum tuberosum 'Pink Fir Apple'
最初のサラダ用ジャガイモ。独特の小さ
なピンクの塊茎はゆでて食べるのに理想
的で、ナッツのような特有の風味がある。
暑い夏の日に、冷たいサラダで食べると
最高だ。

02. Solanum tuberosum 'Charlotte'
確実でとても人気のあるセカンドアー
リーの品種。7月の始めから終わりにか
けて小さな洋ナシ形の塊茎を生じ、サラ
ダに入れるととてもよい。[イギリスで
は、ジャガイモの品種は収穫期によっ
て3つに大別され、早い順にファースト
アーリー、セカンドアーリー、メインク
ロップという。]

03. Solanum tuberosum 'Purple Majesty'
鮮やかな紫色の塊茎を大量に生産する品
種で、見た目がよく味も見事なだけでな
く、抗酸化作用のあるアントシアニンを
多くふくんでいるため実際に体によい。

02

03

タイム

　じょうぶで耐寒性があり、その上を歩くことができ、するとますますさかんに生育する。きっとだれにでも栽培できてめったなことでは枯れない植物であるだけでなく、美しくて野生生物に大変好まれ、そしてもちろん食べることができるという利点もある。家庭で育てられる素晴らしい品種が何十もあり、それぞれ少しずつ違っていて、高さ、色、テクスチュア、風味はさまざまだが、ひとつ共通なことがある。どれも殺されるのを拒否するのだ。

Thymus vulgaris
コモンタイム
▼

知っておくべきこと

大きさ
高さ15センチまで

光
日なた

土壌の種類
砂、白亜、または壌土

水分
水はけがよいこと

種類
T. vulgaris、コモンタイム；

T. serpyllum coccineus、
赤花のクリーピングタイム；

T. 'Silver Queen'；

T. 'Doone Valley'

なぜそれを育てるのか

　Thymus vulgaris（コモンタイム）はもっともふつうに栽培されているタイムで、まず確実にうまくいく。5月から7月にかけてずっと花を咲かせ、ソフトピンクの繊細な花が、香り高い小さな葉のすぐ上につく。コモンタイムは種子からでもよく育つ。種子がばらまかれて庭の割れ目や隙間に落ちることがあり、そこで成長して敷石の雰囲気をやわらげる。

どこに植えるか

　日あたりがよく排水のよいところならどこでも育つ。ドライガーデンやグラベルガーデンにうってつけの地被植物である。何か楽しくて変わったものを試してみたかったら、密植し、からみあうままにして「タイムの芝生」をつくるといい。その上を歩くと信じられないほどよい香りを放ち、刈って低くコンパクトに保つこともできる。

どのように世話するか

　料理に一番よい部分は出たばかりの新葉だ。これを途切れなく生産するには、みずみずしい新芽が伸びてくるように継続的に切り戻すことが大切だ。切り戻しをすればするほどタイムはよく反応し、定期的に剪定すると、時がたつとおこることがある過度な木質化を防ぐことができる。

する

芝生の代わりに育てる──タイムは背が低くコンパクトで耐久性があるので、その上を歩くのにうってつけだ。

つねに刈り込みと収穫を行ってコンパクトに保ち、木質化を防ぐ。

タイムを使って庭に野生生物を引きよせる。

しない

多湿なところに植える──繁茂して生きつづけるには排水がよいことが必要。

日陰で育てる──日なたを好む。

しっかり切り戻すのをこわがる──きびしく扱えば扱うほど、力強く回復してくる。

01

01. *Thymus serpyllum coccineus*
    赤花のクリーピングタイム
    非常に丈の低いタイムで、地面にしが
    みついているようだ。もっとも広く栽
    培されている品種のひとつで、何か月
    も続けて小さなピンクの花を大量に咲
    かせる。

02. *Thymus 'Silver Queen'*
    少し大きめのタイムで、高さ20セン
    チになり、時がたつと少し木質化する
    ことがある。銀色の斑が入った葉が茂
    り、周囲の植物を引き立てるのに使え
    る。

03. *Thymus 'Doone Valley'*
    金色のタイムで、庭に陽光を散らした
    ようになる。非常に背が低く、10セ
    ンチ以上にはならない。ほかのタイム
    と混植して、つづれ織りのような効果
    を出すとよい。

10
の
観葉植物

枯らさず楽しめる

ハラン

　キャストアイアンプラント（「鋳鉄のようにがんじょうな植物」の意）という英名が示しているように、この植物はめったなことでは枯れず、かなり放置してもだいじょうぶだ。そのため、観葉植物を始めるのがちょっと不安で、もっと熱帯性の手のかかるものを育てるのは自信がない人にぴったりの初心者向けの植物である。原産地は中国や日本の森林で、自生地では*Aspidistra*（ハラン属）の植物が林床に広がっている。しかし、もっと冷涼なところでも、風雨から守ってやればかなり快適になる。

Aspidistra elatior
ハラン
▼

知っておくべきこと

—

大きさ
高さ50センチまで

—

光
完全な日陰～半日陰

—

土壌の種類
水はけのよい観葉植物用培養土

—

水分
水はけがよいこと

—

種類
A. elatior、ハラン；
A. elatior 'Okame'

なぜそれを育てるのか

ハラン属の植物はおもに、年間を通して美しい、革帯のような厚みのあるつやつやした常緑の葉を目的に栽培される。たいていの条件に耐えられる素晴らしい観葉植物で、室内用鉢植え植物の世界ではとても貴重な植物である。年間を通して花を咲かせることも姿を変えることもないが、生い茂った緑色の葉のシンプルさがこの植物をそれだけで十分に面白いものにしている。

どこに植えるか

たいていの場所でうまく育つが、できれば明るい日陰で育ててみよう。直射日光はあたらないが、部屋の一番奥の暗いすみではないところだ。ハラン属の植物はよくオフィスで育てられ、デスクの雰囲気をやわらげ、職場に緑をもたらし、それにより生産性が高くなることが証明されている。

どのように世話するか

とても育てやすく、たいていの条件に耐えるが、それでもときどき愛情を少しほしがることがある。夏の間は頻繁に水をやり、冬には水やりを減らす。葉がおとろえてみずぼらしくなってきたら、株元までしっかり切り戻してやればみずみずしい新葉が出はじめる。

する

干渉せずに何もしない——あなたが栽培したいと思うかもしれない植物のうちでもとりわけ手のかからない植物だ。

窓台で育てるのは避ける——直射日光と高温がストレスになって日焼けをおこすことがある。

水はけをよくしてやる——鉢の底に小石やクレイペブル［粒状にした粘土を焼いて作った多孔質の玉］を敷いて排水を改善し、過湿にならないようにする。

しない

水をやりすぎる——ただし、夏の間は定期的に水をやる必要がある。

直射日光のあたるところで育てる——そんなことをすると葉焼けをおこすかもしれない。

大きすぎる鉢に植える——何年も同じ鉢でだいじょうぶだし、少しくらい根づまり（根が鉢いっぱいになること）をおこしてもかまわない。

これも試してみよう

01. *Aspidistra elatior*
ハラン
もっともよく栽培されているハラン属
の植物で、それには十分な理由がある。
非常にじょうぶで回復力のある葉は、
ほとんどどんなところででも成長でき
る。ただし、日陰で一番よく生育する。

02. *Aspidistra elatior* 'Okame'
もう少しめずらしいものが好きな人に
は、この斑入りのハランがいい。鮮や
かな縞の入った葉で、どんな日陰のす
みっこも明るくしてくれる。

02

アロエ

Aloe（アロエ属）の植物は多くの化粧品の主成分になっている。しかし、治療やスキンケアの効能があるだけでなく、非常に育てやすく枯れにくい観葉植物なので、家庭に置くのにもとてもよい。多肉植物なので、水やりとなるとつい忘れてしまう人にぴったりだ。

Aloe vera
バルバドスアロエ
▼

知っておくべきこと

大きさ
1メートルまで

光
日なた

土壌の種類
水はけのよい観葉植物用培養土

水分
湿っているが水はけがよいこと

種類
A. vera、バルバドスアロエ；

A. aristata、レースアロエ；

A. brevifolia、
クロコダイルプラント；

A. polyphylla、
アロエ・ポリフィラ

なぜそれを育てるのか

　大きくて厚い肉質の葉が、家の中に構造と造形をもたらしてくれる。アロエは常緑植物で年間を通して趣をそえ、成熟した株はトリトマの花に似たたいへん見事な鮮やかな黄色の花を咲かせることもある。葉の色はソフトグリーンで表面にぼんやりした白い斑点がある。

どこに植えるか

　熱と光を浴びることのできる南向きの窓台のような、日あたりのよいところを好む。可能なら、真昼の太陽に焼かれないようにする。ただし、必要とあらばアロエはそれに耐えることもできる。日陰や、高い湿度を要求するもっと熱帯性の植物の周辺で育てないこと。

どのように世話するか

　完全に乾かしてから次の水やりをする。大きな肉質の葉に水が大量に貯蔵されていることを忘れてはいけない。このため、この植物は何週間も生きつづけることができ、継続的に水をためておく必要はない。排水性の高い培養土で育て、鉢に植えるときにグリット（137ページ）をたくさん混ぜこむ。

する

南向きの窓台の日あたりのよいところで育てる。

暑い夏の数か月間は戸外に出す——風通しがよいのはこの植物にとってたいへんよいことだし、見る方もまったく違う環境でアロエを楽しむことができる。

やけどや乾燥肌に葉の汁をそのまま塗る——驚くほどよく効き、アロエベラ入りスキンクリームを買うよりずっと安くつく。

しない

水をやりすぎる——完全に乾かしてから次の水やりをする。

日陰で育てる——Aloe vera（バルバドスアロエ）がさかんに生育しうまく定着するには日なたでなければならない。多肉植物であることを思い出してほしい。

これも試してみよう

01

01. *Aloe aristata*
    レースアロエ
    よく栽培されているアロエで、窓台に
    うってつけだ。灰色がかった緑の多汁質
    の葉が密生して、太陽の光を幸せそうに
    浴び、本当に幸せなら花茎を出して鮮や
    かなオレンジ色の花をつける。

02. *Aloe brevifolia*
    クロコダイルプラント
    このかわいいコンパクトで育てやすいア
    ロエは、なんとなくワニのあごに似た、
    鋸歯のある灰緑色の葉のロゼットをいく
    つもつくる。日なたで育てると、葉の色
    がよくなり、鮮やかなオレンジ色の花が
    咲く可能性が高くなる。

03. *Aloe polyphylla*
    アロエ・ポリフィラ
    じつにかっこいい植物で、葉が密集し
    て螺旋状にならぶ背の低いロゼットは、
    コーヒーテーブルに置くのにぴったりだ。

02

03

サボテン

　あらゆる観葉植物のうちでもっとも寛容な*Cactaceae*（サボテン科）の植物は、ほったらかしにされても生きつづけるばかりか力強く成長する。ひかえめな、醜いとさえいえる植物で、植物界ののけ者に見えるかもしれないが、じつはサボテンは植物の工夫と進化の素晴らしい実例である。何千年もかけて適応して、非常にきびしい条件のところでも耐えて定着できるようになったのだ。つまり、この少々のことでは枯れずに回復する強靭な観葉植物にとって、窓台がきびしすぎる環境になることはありえないのである。

Cactaceae
サボテン
▼

知っておくべきこと

大きさ
種によってさまざま

光
日なた

土壌の種類
粒状物が多く排水性のよい培養土

水分
水はけがよいこと

種類
Echinopsis、エキノプシス；
Cereus、セレウス；
Opuntia、ウチワサボテン

なぜそれを育てるのか

　サボテンは水をたくわえる驚くべき能力をもっている、いわば植物界のラクダだ。失われる水分が最小限になるようにとげがきちょうめんに配置されており、この抜け目のない植物はめったなことでは枯れないようにできている。

どこに植えるか

　風通しがよく、家の中でもっとも日あたりがよい乾燥した場所を見つける。サボテンをほかのもっと熱帯性の観葉植物の近くで育てるのはよくない。それは、湿気を好む植物が近くにあると、噴霧や蒸散による水分が、サボテンにとって問題になるかもしれないからだ。南南向きの窓台が理想的。

どのように世話するか

　放っておくこと。枯れるサボテンはたいてい、過度に愛情をそそがれ世話をされることにより殺される。サボテンは、放置されて土壌が完全に乾いたときだけ水をあたえられるほうがずっと好きだ。思い出してほしいのだが、サボテンが自生しているのは、何週間も雨が降らないことがある砂漠なのだ。別の鉢に植え替える必要があるときは春に行い、少しだけ大きな鉢に植える。まず布巾のようなものでサボテンをつつんで、危険なとげから身を守ること。排水性の高い培養土を使う。

する

完全に乾くまで放っておいてから次の水やりをする。

排水性の高い培養土で育て、別の鉢に植え替えるときにはグリット（137ページ）をたくさん使う。

この植物を扱うときには十分に注意する——とげはたいしたことはなさそうに見えるかもしれないが、ひどく刺されることがある。

しない

水をためたままにする——たちまち腐ってしまうだろう。

冬の間、窓の近くで育てる——寒さの害を受けるかもしれない。

湿度の高いところで育てる——そんなことをすると腐ってしまうかもしれない。風通しがとてもよい暑く乾燥した条件のほうがずっと好きだ。

これも試してみよう

01

01. *Echinopsis*
    エキノプシス
    「サボテン」という言葉を聞いてすぐ
    に思い浮かぶのはきっとこの植物だろ
    う。南アメリカ原産で、小さな白いと
    げがある大きな球形のふくらみを生じ
    る。

02. *Cereus*
    セレウス
    南アメリカ原産で、排水と日あたりの
    よい場所でよく生育する。このサボテ
    ンの重要な特徴は、独特の畝状になっ
    た茎と、夜に開花する花である。

03. *Opuntia*
    ウチワサボテン
    冬に適切に保護して土壌が過湿になら
    ないようにできれば、野外でも育てる
    ことができる。しかし、室内の日あた
    りのよい窓台で育てる方がずっと簡単
    だ。おとなしそうな植物に見えるが、
    さわるととても痛いので注意すること。

02

03

クラッスラ

日あたりのよい場所で日なたぼっこをするのが大好きな、ぴかぴかと光沢のある観葉植物だ。通常は忘れていてもいい植物のひとつで、放っておいても多肉多汁の葉の見事な眺めで楽しませてくれる。「カネノナルキ」という別名があるが、残念ながら実際にはお金を生み出したりしない。しかし、年間を通して美しい緑を苦もなくもたらしつづけてくれる。

Crassula ovata
| カゲツ
▼

知っておくべきこと

大きさ
高さ2メートルまで（ただし室内で
はめったにそんなに大きくならな
い）

光
日なた

土壌の種類
粒状物が多く排水性のよい観葉植物
用培養土

水分
水はけがよいこと

種類
C. ovata、カゲツ、カネノナルキ；

C. ovata 'Gollum'；

C. schmidtii、ツクバネ

なぜそれを育てるのか

　大半の*Crassula*（クラッスラ属）の植物は、ふっくらした光沢のある常緑
の葉をつけ、葉はやや長円形でふちが鮮やかな赤色をおびている。葉は木質の
茎についており、そのため小型のコンパクトな樹木のように見える。大きくも
小さくも望みどおりになる。

どこに植えるか

　家の中でもっとも日あたりのよい場所を見つける。窓台でもコーヒーテーブ
ルでも、一日中、たくさん日光を浴びることのできるところだ。低温の害を受
けるかもしれない冷たい窓のすぐそばや、すき間風がストレスになるかもしれ
ないドアの近くで育てるのは避ける。南に面した場所が理想的だ。

どのように世話するか

　株の大きさは、それが生育している鉢の大きさに完全に支配される。鉢が大
きければ大きいほど大きくなるのだ。逆に小さなかわいい株にしておきたけれ
ば、小さな容器で育てればよい。夏の間はひかえめに水をやり、冬の間は水や
りの頻度を徹底的に減らす。多肉植物なので、簡単に水のやりすぎになってし
まう。実際には、夏の数か月は水分を保持して冬のためにたくわえ、不思議な
ことに成長は大部分が冬におこる。

する

葉にプラントトニック［一種の成長促進剤で、
病害虫抑制効果もある液剤］を施用する——
害虫の攻撃を防ぐ効果がある。

冬の間は徹底して水やりを避ける。

挿し木をして新しい株を育てる——茎を切っ
て数日乾かしてから、鉢に入れた排水性のよ
い培養土にさす。

しない

水をやりすぎる——とくに夏の間はいくらか
水を必要とするが、すぐに水が流れ去るよう
にしておくことが重要。

重い土壌で育てる——排水性のよい観葉植物
用培養土が理想的。

とくに寒い冬の間、冷たい窓に近すぎるとこ
ろで育てる。

これも試してみよう

01. *Crassula ovata* 'Gollum'
    普通のクラッスラとよく似ているが、葉先のふちが杯状に巻き上っていて、ほとんど食虫植物の葉のように見える。

02. *Crassula ovata*
    カゲツ、カネノナルキ
    もっとも一般的なクラッスラで、美しい赤色をおびたふっくらした多肉質の葉をつけ、忘れられようが乾燥が続こうがいつもさかんに成長したがる。

03. *Crassula schmidtii*
    ツクバネ
    かなり幅の狭いとがった葉が密生して地面をおおい、背の低いクッション状のかたまりを形成する。とくに目を引くのが花で、冬の数か月、そして春にかけてローズピンクの花が咲く。

03

フィカス

　フィカスと呼ばれる*Ficus*（イチジク属）の植物は、昔からずっと大好きな観葉植物のひとつである。目立つ光沢のある常緑の葉で室内の植栽に構造的な要素をくわえることができるうえ、この植物は信じられないほど育てやすい。フィカスの原産地は通例、湿度も気温ももっと高い熱帯地方で、家庭でうまく育てるには、そのような条件をできるだけ厳密に再現する必要がある。

Ficus lyrata
カシワバゴムノキ
▼

知っておくべきこと

大きさ

8メートルまで（家の中ではそんなに大きくならないので心配いらない）

光

日なた

土壌の種類

鉢植え観葉植物用培養土

水分

湿っているが水はけがよいこと

種類

F. lyrata、カシワバゴムノキ；

F. elastica、インドゴムノキ；

F. benjamina、

ベンジャミンゴムノキ

なぜそれを育てるのか

多くのフィカスは大きくて光沢のある葉をもち、きらきらと派手で、じつに熱帯らしい効果を生む。自生地であるジャングルの環境ではほんとうに大きな樹木になるが、居間で育てるときは、抑制したり剪定したりして望みの大きさや形にでき、ずっと行儀よくしている。

どこに植えるか

室内で適当な照度をえられるところを見つけるが、葉焼けをおこして枯れる原因になるかもしれない真昼の太陽や直射日光は避ける。必要以上に極端な寒暖の差を生じるおそれのある暖房の放熱器やドアや窓から十分に離れたところに置く。

どのように世話するか

フィカスを屋内で育てるとき、おもに注意すべきなのは水やりだ。水をやりすぎると根腐れをおこすが、少なすぎてもとてもよく似た枯れこみ（小枝と枝が徐々に枯れる）を起こすことがあり、それはつまり、何がいけないのか判断するのがむずかしいということだ。最良の解決策は、いつも培養土に注意しておくことである。培養土が十分に乾いたらたっぷり水をやり、その後少なくとも1週間は放っておく。定期的に水を噴霧してやるのも、湿度を高く保ってこの植物を満足させておくのに有効である。

する

完全に乾かしてから次の水やりをする——これにより、水浸しになるのを防ぐことができる。

コナカイガラムシに目を光らせる——この虫はフィカスにとって問題となることの多い重要な害虫である。

成長している茎の先端を摘んで、より多くの側枝を出させ、よく茂った健康な植物にする。

しない

皮膚に汁液をつける——フィカスは乳状の汁液を出し、それに敏感な人もいる。

冷たい窓やドアに近すぎるところに置く——ストレスを受けて成長が止まるかもしれない。

植え替えを頻繁にしすぎる——少し根づまりを起こしているくらいのほうが好きだ。

これも試してみよう

01

01. *Ficus elastica*
    インドゴムノキ
    多くの居間にとってなくてはならない植物で、ときどき水をやってたまに肥料をやる以外は、放っておけばよい。摘芯して枝葉の多い株にする。

02. *Ficus benjamina*
    ベンジャミンゴムノキ
    かなり小さな常緑の葉が密生し、日あたりのいい場所を好むが、直射日光は避けたほうがよい。もっと大きな兄弟たちに比べてずっと軟らかく、さまざまなスタイルに仕立てられる。

02

モンステラ（ホウライショウ）

この常緑のつる性植物はメキシコの雨林が原産地で、家に植物が生い茂る熱帯の雰囲気をもたらしてくれるだろう。英語ではスイスチーズプラントといい、葉にある穴がスイスチーズの穴と似ていることからこうよばれる。成熟するにつれて穴が大きく、目立つようになる。

Monstera deliciosa
モンステラ（ホウライショウ）
▶

知っておくべきこと

大きさ
8メートルまで（家の中ではこんなに大きくならないから心配いらない）

光
半日陰

土壌の種類
鉢植え観葉植物用培養土

水分
湿っているが水はけがよいこと

なぜそれを育てるのか

近年、この植物はインスタグラムで非常に人気が出てきた。目立つ印象的な葉のせいで、注目を集めているのだ。ちょっとめずらしい気根も特徴のひとつで、きっと居間の最大の目玉として大いに話題になるだろう。

どこに植えるか

直射日光があたらない少し日陰のところで育てる。自然の状態では木もれ日のあたる日陰に自生し、大木の幹に着生している。上からさす光を求めて上へ向かっていくのが好きなので、階段の吹き抜けか天窓があれば理想的だ。葉焼けをおこすおそれがあるので放熱器など熱源の近くで育てるのは避ける。

どのように世話するか

つねに水分のある状態を保つこと。暖かく湿った環境で生育するのを好むため、適度な湿度にすることが重要である。狭い家で実際にそれができるとはかぎらないが、葉に水を噴霧すれば同じような効果が得られる。気根が目立ち始めたら切り戻してもよいが、理想をいえば土に押し込むだけでよい。そうすればあとは自分でやるだろう。

する

定期的に葉に水を噴霧して、自生地の湿度の高い条件を再現する。

ぬるま湯のシャワーをかけて埃を取り除き、発生しているかもしれない害虫を洗い落とす。

よじ登れるように鉢の中に構造物を置く。

しない

完全に乾かしてしまう――いつも少しじめじめしているほうが好きだ。

日なたで育てる――葉焼けがおこり、ダメージを受けるかもしれない。

大きくなりすぎるのではないかと心配する――春に強く切り戻せばよい。すぐに回復するだろう。

これも試してみよう

—

Monstera deliciosa 'Variegata'
斑入りのモンステラ
斑入り品種はちょっとした国際的
スーパースターになっていて、手に
入れるのが少しむずかしく、かなり
高価だ。値段は高いものの、努力す
る価値は十分にあり、大きな光沢の
ある葉に真っ白なまだら模様が入っ
ている。

シェフレラ

わたしがこれまでに育てたことのある観葉植物の中でもっとも育てやすくもっとも回復力のある植物だ。ソファのすぐそばに置いているが、これを書いているとき、突然、それが最後に水を見てから少なくとも1か月はたっていることに気がついた。こんなに放っておいたのに元気に育ち続け、この5年間それが続いている。この理由だけで、すべての居間にそれぞれシェフレラを置くべきだと思っている。

Schefflera
シェフレラ
▶

知っておくべきこと

大きさ
室内では1.5メートルまで

光
間接太陽光または明るい日陰

土壌の種類
鉢植え観葉植物用培養土

水分
湿っているが水はけがよいこと

なぜそれを育てるのか

戸外で育てるのはむずかしいが、室内では非常に育てやすい観葉植物である。居間に置くと、光沢のある掌状葉（小葉が中心点から放射状に出ている）が明るい熱帯の雰囲気をもたらす。新葉は輝くばかりに美しいライムグリーンで、年間を通して出葉し、古いくたびれた葉にとってかわる。

どこに植えるか

自生地では巨木に成長する。本物の熱帯雨林の巨人だ。しかし、家の中ではそんなに大きくはならない。ある程度光があたるがそれが直射日光ではないところを見つけよう。明るい日陰が理想的だ。

どのように世話するか

たいていのガーデニングの本に、シェフレラには定期的に水をやるよう書かれているだろう。しかし、少しくらい忘れっぽくてもだいじょうぶだ。月に1度、バランスよく配合された観葉植物用の肥料をやれば、葉をみずみずしく青々と茂って見えるよう保てるだろう。みすぼらしくなった古い葉は取り除き、あまりたくさん水をためないようにする。

する

黄色くなった古い葉は主茎のところまで取り去る。

植物活性剤を葉に噴霧して、健康を保ち害虫を防ぐ。

月に1度ぬるま湯のシャワーをかけて埃を除き、いつも生き生きと輝いて見えるようにする。

しない

水をやりすぎる——水やりは2～3週間に1度でよい（水をやりすぎると、葉が黄化しはじめるかもしれない）。

放熱器など熱源に近すぎるところで育てる——葉が焼けてぱりぱりになることがある。

日なたで育てる——少し陰になったところが理想的。

センペルビウム

Sempervivum（クモノスバンダイソウ属）の植物は小さくてカラフルな肉質のロゼットで、時がたつにつれて背の低い盛り上がりを形成する。一つひとつのロゼットは緑だけでなく黄、赤、紫などさまざまな色をしている。種によって、毛でおおわれているものもあれば光沢のあるものもあるし、丸いものもあればとがったものもある。夏に、成熟したロゼットから花茎が出て、小さな星のような花を咲かせる。

Sempervivum
センペルビウム
▼

知っておくべきこと

大きさ
高さ20センチまで

光
日なた

土壌の種類
砂質

水分
水はけがよいこと

種類
S. tectorum、
ヤネバンダイソウ；
S. arachnoides、
クモノスバンダイソウ；
S. calcareum 'Mrs Giuseppi'

なぜそれを育てるのか

　「ハウスリーク」という英名は、これらの植物が伝統的に屋根の上で雷よけとして育てられていたことに由来する。魔法から疫病まで、あらゆるものを退けるためにも使われた。今日、もっと重要なのはラテン名の*Sempervivum*に「永遠に生きる」という意味があることで、このしゃれた植物がほとんど何も手入れしなくてもよく生育することを表している。

どこに植えるか

　日なたで水はけのよい土壌であるかぎり、事実上どこででも育てることができ、花壇（よい縁取り植物になる）、ロックガーデン、さらには壁の割れ目でもかまわない。鉢、桶、流し台に植えて主役にしてもよい。垂直植栽や屋上緑化に使う候補としても申し分ない。室内でも育てられるが、多くの光を必要とする。

どのように世話するか

　センペルビウムは、粒子が粗く水はけのよいやせた土壌と日あたりを必要とする。庭の場合は、植穴にグリット（137ページ）か砂をたくさんくわえ、最大限日光を受けるようにする。コンテナの場合は、適当な排水口があることを確認し、底に鉢のかけらを敷いてから、グリット、砂、堆肥を混合したものを入れて植え、暑く乾いたところに置く。

する

粒子の粗い土壌に植え、自分で培養土を作るときは砂をたくさんくわえる。

変化のある面白い展示にするため、複数の品種を混在させてみる。

植栽を工夫し、奇抜な容器を使うことを考える。

しない

じめじめしたところで育てる──ぬれて寒いのはきらいだ。

もっと背の高い植物の陰になり負けてしまうような場所に植える。

水や肥料をやりすぎる──少しくらい放っておいてもいい、じょうぶな植物だ。

これも試してみよう

01

01. *Sempervivum tectorum*
    ヤネバンダイソウ
    色は緑と紫で、生育旺盛。

02. *Sempervivum arachnoides*
    クモノスバンダイソウ
    クモの巣のような細く白い毛でおおわ
    れている。

03. *Sempervivum calcareum*
    'Mrs Giuseppi'
    比較的大きなロゼットの先端がハッと
    するような赤色をしている。

02

03

スパティフィラム

確実で簡単で美しく、どんな植物とでも申し分のない組み合わせになる。育てやすいので、初めての観葉植物をさがしている人にぴったりの初心者向けの植物であり、その先何年も楽しめる贈り物としても最適だ。

Spathiphyllum
wallisii
スパティフィラム
▶

知っておくべきこと

大きさ
高さ50センチまで

光
半日陰

土壌の種類
鉢植え観葉植物用培養土

水分
湿っているが水はけがよいこと

なぜそれを育てるのか
光沢のある常緑の葉が完璧な背景となって、花穂をつつむ純白の仏炎苞がくっきりと美しく映える。室内に緑をもたらすだけでなく、どんな部屋もいっそうよいところにできる。

どこに植えるか
この植物は屋内のほとんどどこででも育つが、家の中で明るいが直射日光があたらないところを見つけてやる。直射日光があたると葉焼けをおこすことがある。かなりの日陰でも耐えるが、開花が抑制される。やけどするおそれがあるので放熱器や熱源に近すぎるところで育てないこと。

どのように世話するか
手をかけすぎないようにしよう。スパティフィラムの場合、放っておいたほうがかえってじょうぶな植物になる。肥料や水をやりすぎないようにすること。花が終わってしおれてきたら切り取る。摘めば摘むほどたくさん花が咲く。2〜3か月に1度ぬるま湯のシャワーを浴びせるとよい。葉を洗うと同時に水やりをすることにもなる。

する

完全に乾かしてから次の水やりをする——このようにして少しストレスをあたえると、より多くの花がつく効果がある。

ガラスを通して霜の害を受けるおそれがあるので、寒いときは窓から離しておく。

根が最初の鉢いっぱいになってきたら、もっと大きな鉢に植える。

しない

水をやりすぎたり水をためたままにする——これは観葉植物、とくにスパティフィラムを枯らす最大の原因である。

直射日光があたるところで育てる——花を咲かせるには明るい光が必要だが、直射日光だと葉焼けをおこすことがある。

冷たい水をやる——植物にショックをあたえるかもしれない。

エアープランツ

　あなたが育てたいと思うかもしれない植物の中でも、とりわけ奇妙で楽しい、じつに変わった植物だ。家にやってきたこのエイリアンのようなお客は、たいていの植物が従うルールを平然と無視する。土がまったくない、文字通り空中で育つからだ（まじめな話だ！）。　着生植物は土壌のないところで育つよう適応してきた。土壌の代わりに熱帯の大木の枝に付着して、空気から水分を集めるのだ。

Tillandsia
エアープランツ
▼

大きさ
1メートルもたれることがある

光
日なた〜木もれ日のあたる日陰

土壌の種類
土壌は必要ない

水分
湿っているが水はけがよいこと

種類
T. xerographica、
エアープランツの王様；
T. usneoides、サルオガセモドキ

なぜそれを育てるのか

その細い銀色の葉が熱帯らしい印象をあたえるうえ、めんくらってしまうようなめずらしい外見をしているにもかかわらず、エアープランツはじつは非常に育てやすい植物だ。回復力があって枯れにくく、友だちや家族から注目されるのは間違いない。そして、友だちと分けたいと思ったら、簡単に一部を引きちぎって譲ってあげることができる。

どこに植えるか

湿度が高い空気が大好きなので、日あたりがよすぎたり乾燥して暑いところで育てるのは避ける。育てるのにもっともよいのは、浴室内の窓の近くで、そこなら毎日のシャワーによる湿気でつねに十分に水があたえられる。明るいところで育てるが、直射日光は避けること。

どのように世話するか

エアープランツはその細い葉から水分をとりこむので、かならず定期的に葉に水を噴霧してやる。乾ききってしまったら、水に浸してやればすぐに水分をとりもどす。可能な場合は水道水ではなく雨水を使うと、そのほうが葉に対して刺激が少ないだろう。いつも暖かくして、寒い場所から離すようつとめる。気温が12℃以下に下がったら、乾くまでに長くかかるので、水やりを減らす。

する

その上で育つ支持物を用意する。たとえば古い樹皮やコルク、さらには壁からぶら下げるだけでもよい。

定期的に水を噴霧して、十分に水分がある状態を保つ。

浴室で育てる——シャワーによる湿気で、この植物が自然の熱帯雨林で置かれている条件を完璧に真似できる。

しない

あまりに長く湿ったところに置いておく——その名のとおり、風通しのよい明るいところを好む。

完全に乾かしてしまう——そのときはすぐにバケツの水につけたのち、十分に乾かす。

換気を制限する——周囲の通気をよくすることが、腐敗させないために重要。

01

02

01. *Tillandsia xerographica*
エアープランツの王様
おそらく入手できる最大のエアープランツだ。十分な湿度とたくさんの光があるのを好むため、湿気の多い日あたりのよい窓台が理想的。

02. *Tillandsia usneoides*
サルオガセモドキ
友だちや家族が感心するのはまちがいない変わった植物だ。シュレッダーにかけた灰色の紙のかたまりのように見え、湿気を多くすること以外、最小限の管理しか必要としない。

索引

謝辞

ジェンとヘクターに愛と感謝をこめて。いつもお茶を入れてくれて、尻尾をふってくれて、ありがとう。故郷から遠く離れて植物への愛を追求できるようにしてくれた両親に、そして本書だけでなくこれまで仕事で支えていただいたすべての方に感謝する。

図版出典